# EXAMEN CRITIQUE

DE LA

# VERSIFICATION

## FRANÇAISE

### CLASSIQUE ET ROMANTIQUE

PAR

**ABEL DUCONDUT**

> Il est honneste et requis en toute science et discipline de disputer et de croire par raisons et demonstrations, et non point par la seule force des autoritez.
>
> DEIMIER (1610).
>
> *Académie de l'Art poétique.*

---

PARIS

LIBRAIRIE PARISIENNE

DUPRAY DE LA MAHÉRIE, ÉDITEUR

14, Rue d'Enghien

1863

# EXAMEN CRITIQUE

DE LA

# VERSIFICATION

## FRANÇAISE

## CLASSIQUE ET ROMANTIQUE

PAR

ABEL DUCONDUT

> Il est honneste et requis en toute science et discipline de disputer et de croire par raisons et démonstrations, et non point par la seule force des autoritez
>
> DEIMIER (1610).
>
> *Académie de l'Art poëtique*

---

PARIS

LIBRAIRIE PARISIENNE

DUPRAY DE LA MAHÉRIE, ÉDITEUR

14, Rue d'Enghien

1863

# EXAMEN CRITIQUE

DE LA

# VERSIFICATION FRANÇAISE

C.

PARIS. — IMPRIMERIE PARISIENNE. — DUPRAY DE LA MAHÉRIE
Boulevart Bonne-Nouvelle, 26 (Impasse des Filles-Dieu, 5). — 156.

# A MON PÈRE

Mon cher père,

*Si j'ai dans l'esprit assez d'indépendance pour ne jamais dire* ipse dixit, *même quand il s'agit de toi, puisque nous différons d'opinion sur quelques points, c'est à toi que je le dois. C'est à toi, à tes travaux sur le rôle de l'accent tonique dans notre langue, que je dois d'avoir pu comprendre la structure intime du vers français. Pour ces deux motifs, permets-moi de te dédier cet opuscule, quelque défectueux qu'il puisse te paraître.*

Abel Ducondut.

# AVANT-PROPOS

L'auteur sait parfaitement qu'il ne doit espérer aucun succès pour son travail; qu'il ait ou non frappé juste, le public auquel il a affaire est peu disposé à s'inquiéter d'une question purement littéraire; tous les esprits, il en peut juger par lui-même, sont tournés vers d'autres problèmes plus graves et d'une solution plus difficile; mais ne connaissant pas, ne voulant pas apprendre l'art de déguiser sa pensée ou d'en mitiger l'expression, s'il a écrit cette critique, qui pourra peut-être trouver sa place plus tard, c'est uniquement parce que, sur ce terrain, il a pu sans danger avoir toujours présente à l'esprit cette pensée d'une femme, élève, il est vrai, de Montaigne, pensée à la hauteur de laquelle peu d'hommes aujourd'hui sont capables de s'élever :

« A vray dire, toutes les actions qui manquent d'une splendeur de liberté manquent aussi de grâce et de dignité. »

M^lle^ DE GOURNAY.

Mais, si les préoccupations politiques et sociales étaient un peu moins vives, cette question que nous avons voulu poser, de la forme en poésie, nous paraîtrait des plus opportunes; — d'époque en époque, notre poésie change dans son but, ses motifs, ses moyens, et, de même que pour mouler ou pour fondre des statues de matière différente il faut des moules de nature diverse, à chaque changement que subit notre poésie française répondent des variations de la forme, son moule. Villon, Ronsard, Racine, V. Hugo diffèrent autant par la forme que par le fond.

Le moment est-il venu où notre poésie va se rénover encore une fois, entraînant après elle une nouvelle forme? — Toute la question est là.

Le classique est mort; à peine lui reste-t-il encore quelques partisans de jour en jour plus clair-semés et chez lesquels il est facile de trouver, au point de vue de la forme, nombre de concessions qui sont autant d'aveux.

Le romantisme est bien malade; ses plus grands admirateurs nous disent : « Il n'y a plus de romantiques. » S'il est encore retenu sur le bord de la tombe, c'est grâce à la présence de ceux qui ont fait rayonner de l'éclat d'un grand talent, ou même de celui du génie, cette école éphémère, semblable à ces jeunes hommes exubérants de santé, de force et d'intelligence, qui se tuent rapidement par leurs propres excès. Viennent à disparaître ses chefs, et le temps malheureusement nous répond de cette œuvre de destruction, et le romantisme achèvera de s'éteindre, condamné par tous, par ceux-là même, et ils sont plus nombreux qu'on ne pense, que retient seul le prestige de quelque gigantesque individualité. En mourant, le romantisme emportera avec lui, c'est la loi fatale, sa forme particulière, moule fidèle qui ne peut convenir qu'à lui, dans lequel se retrouvent tous ses défauts, toutes ses inconséquences.

Quant à la secte dite Fantaisiste, fille bâtarde et malsaine du romantisme, indigne peut-être d'être mentionnée en tant que valeur poétique intrinsèque, elle rentre comme forme dans le romantisme qui l'a engendrée.

Mais si les deux seules formes reconnues viennent à n'être plus possibles, s'ensuit-il que la poésie doive mourir, ainsi que quelques-uns ne craignent pas de l'affirmer, découragés peut-être par les fades bergeries, les pasquinades et les turpitudes qu'il était réservé à notre temps de se laisser imposer par de misérables coteries? — Non; la poésie est immortelle dans l'humanité, en France surtout; comme le phénix de la fable, elle renaîtra de ses cendres aussi belle, aussi puissante, mais différente, armée par conséquent d'une forme nouvelle, égale, supérieure peut-être à celles du passé.

Cette poésie nouvelle, quelle elle sera, nous ne pouvons le savoir; quelle sera sa forme, nous l'ignorons; mais elle sera; elle couve déjà peut-être dans bien des cœurs, et n'attend, pour éclater, qu'une situation moins gênée, un avenir moins inconnu, un horizon moins chargé de tempêtes qui peuvent recéler dans leurs flancs des foudres inattendues; en un mot, moins d'anxiété, plus de liberté.

Ne pouvant prévoir quel moule conviendra à cette poésie à venir, nous avons voulu du moins demander pour elle des leçons à l'histoire littéraire, et chercher, pour les lui montrer, dans les formes du passé, les défauts, les inconséquences qu'elle devra fuir.

Quant à l'adoption immédiate des opinions émises dans cette étude, elle est tout simplement impossible; outre qu'elles heurtent trop d'intérêts vivants, directs ou indirects, il leur manque la seule raison d'être que la masse soit disposée à accepter ou à subir : une autorité. Pour qu'un pareil résultat puisse se produire, il faut qu'un grand poëte vienne qui les croie justes, les fasse siennes, les mette en pratique, et les illumine de l'éclat de son génie. N'ayant d'autre appui à leur prêter que de bonnes raisons, l'auteur n'a qu'un conseil à leur donner, c'est d'attendre : leur jour viendra peut-être.

---

# EXAMEN CRITIQUE

DE LA

# VERSIFICATION FRANÇAISE

---

Il est honneste et requis en toute science et discipline de disputer et de croire par raisons et démonstrations, et non point par la seule force des authoritez.

DEIMIER (1610).
*Académie de l'Art poétique.*

---

## PRÉLIMINAIRES

La première ligne du *Traité de Versification française* de M. Quicherat nous dit que :

La poésie est l'art d'écrire en vers.

M. Quicherat nous permettra de ne pas accepter la définition qu'il donne de la poésie ; à l'en croire, au lieu d'une quarantaine tout au plus de poëtes français de premier et de second ordre, nous en pourrions compter des centaines, et même, comme, pour arriver à faire des vers corrects, il suffit de n'être pas complétement idiot, le premier venu serait poëte dès qu'il voudrait bien se donner la peine de comprendre quelques règles assez simples; même les pauvres hères qui font des chansons populaires qu'ils chantent et vendent eux-mêmes au coin des rues, même l'écolier de troisième qui rime une déclaration à sa petite cousine.

L'art d'écrire en vers n'est que l'art d'écrire en vers.

« Quelque charme qu'aient pour nous les beaux vers, on ne doit pas les regarder comme une forme inséparable du langage poétique; Aristote l'a dit: C'est le fond des choses, non la forme des vers qui fait et qui constitue la poésie. » (MARMONTEL.)

Le sieur de Deimier, dans son *Académie de l'Art poétique* (1610), définit ainsi la poésie:

« Poésie est un don de nature, perfectionné de l'art, par lequel, avec la plus grande bonté de langage, on chante les affections et les louanges des hommes et des Dieux. »

De toutes les définitions qu'on a données de la poésie, et on en pourrait citer beaucoup:

« La poésie est la musique de l'âme et surtout des âmes grandes et sensibles. » (VOLTAIRE.)

« Ce qu'on nomme poésie, c'est-à-dire ce qui fait penser. » (A. DE MUSSET.)

La meilleure est peut-être celle que nous venons de rapporter du sieur de Deimier, et encore est-elle loin de satisfaire complétement.

Ce que c'est que la poésie, nous n'essaierons pas de le définir à notre tour.

Dans une discussion sur ce mot tant prodigué aujourd'hui, l'art, Béranger, l'homme de bon sens et de goût, a dit : « L'art, c'est l'art, voilà tout. » Autant en doit-on dire de la poésie ; ce sont là des choses que chacun de nous sent, comprend presque, mais qui sont trop grandes, trop élevées, trop diverses surtout, pour ne pas échapper toujours aux limites simples et étroites de la définition. Mais si la poésie n'est pas, tant s'en faut, constituée par le vers, on peut dire que le plus souvent, pour se produire, elle emprunte cette forme ; le plus souvent, disons-nous, car nous pourrions citer bon nombre de pages de prose qui sont de la poésie au premier chef[1], la préface de la *Confession d'un Enfant du siècle*, par exemple ; et, d'ailleurs, la

Certains accusent la langue française de grande pauvreté ; d'autres protestent énergiquement contre cette allégation ; sans nous permettre de juger cette question, nous pouvons affirmer qu'il nous manque ici un mot pour exprimer notre pensée. Le vocable prose est l'opposé à la fois de poésie (fond) et de vers (forme) ; de sorte que, étant donné un morceau en vers, si poésie peut se traduire, s'est déjà traduite souvent sous une forme harmonieuse particulière, aussi différente de la prose ordinaire que du vers, et qui, par sa beauté, mériterait peut-être un emploi plus fréquent, le verset, tel que l'a mis en œuvre Lamennais dans les *Paroles d'un croyant*.

Le vers, forme habituelle de la poésie, se retrouve dans toutes les langues; mais chacune d'elles étant différente des autres dans son essence, ayant ce qu'on appelle son génie propre, elles doivent avoir chacune sa versification particulière, qui, pour présenter parfois des points de ressemblance et des lois communes, n'en offre pas moins de grandes différences avec les systèmes de versification des autres peuples. En effet, il tombe sous le sens que celui qui invente une forme musicale quelconque pour l'expression parlée de la pensée, se trouve nécessairement guidé à la fois et contenu par des lois de deux ordres: les unes dépendant de la nature humaine elle-même, auxquelles seront par conséquent fatalement soumis tous les systèmes destinés à l'oreille humaine; ainsi, c'est un fait, que nous pouvons apprécier dans toute leur valeur absolue et relative quatre temps musicaux,

vous le jugez, en disant : « Ceci est de la prose, » nul ne peut comprendre précisément votre pensée, et savoir si vous avez voulu dire : « Les vers sont mal faits, » sans toucher au fond, ou bien : « Les idées ne sont pas poétiques, » sans toucher à la forme.

quatre syllabes dans la versification; que six syllabes sans division constituent la limite extrême d'un élément simple, appréciable pour nous d'une manière moins précise, mais suffisante; aussi, quel que soit l'idiome particulier au point de vue duquel on se place, aucune partie composante indivisée renfermant plus de six syllabes ne peut entrer dans un vers. — Les autres lois auxquelles l'inventeur doit obéir ressortent des particularités de la langue pour laquelle il cherche des combinaisons harmoniques; lois spéciales qui pourront convenir ou à peu près à quelque dialecte analogue, mais non aux langues d'essence différente. — Ainsi les idiomes anciens (grec et latin) ont pu s'élever jusqu'au vers métrique uniquement fondé sur la quantité des syllabes et abandonner aux chants populaires le vers basé sur le nombre des syllabes et la rime; — ce système dépendant de leur génie propre est absolument impossible à toutes nos langues modernes. Certaines ont pu adopter des pieds rhythmiques fondés, non plus sur la quantité des syllabes, mais sur l'accent tonique des mots, et pratiquer les deux formes rhythmique et syllabique. — En France, plusieurs fois déjà, des versificateurs, tels que Baïf, ont essayé de faire des vers métriques, mais leurs efforts ont complétement échoué; ce qu'ils ont cru être des vers métriques n'était que des lambeaux de phrases absolument dénués, le plus souvent, d'une harmonie quelconque.

Mon père a publié, il y a quelques années, un volume [1], dans lequel il a cherché à démontrer que nous aurions tout avantage à adopter pour les poésies destinées à s'allier à la musique les seuls vers métriques possibles dans notre langue, ceux qui seraient fondés non sur la quantité de telle ou telle syllabe, mais sur les accents toniques, les syllabes d'appui. Il est regrettable qu'on n'ait pas cru devoir accorder plus d'attention à cette idée dont l'adoption serait des plus avantageuses pour la poésie chantée.

Il est bon de faire remarquer que presque tous les peuples pratiquent ce système : Allemands, Italiens, Russes, Anglais, etc., et nous accusent avec raison d'avoir l'oreille barbare. Encourir un pareil reproche de la part des Italiens ou des Allemands, c'est dur, pour peu qu'on soit patriote, mais de la part des Anglais, la nation la plus rebelle à la musique qui soit au monde, c'est trop, — c'est là mourir deux fois.

Quoi qu'il en soit, pour nos vers ordinaires, nous avons dû nous en tenir aux vers syllabiques rimés, construits d'après un certain nombre de règles fixes et déterminées dont l'ensemble constitue la versification propre à notre idiome, la versification française.

Cet ensemble, ce tout n'est pas né d'un seul jet; depuis les premiers temps où le vers est apparu dans notre langue encore grossière (XI^e siècle), la versifi-

[1] *Essai de Rhythmique française.* (Michel Lévy.)

cation a presque continuellement varié, en partie; chaque époque y a fait son œuvre; telle ou telle règle a été ajoutée ou retranchée; telle autre date des premiers jours; aussi pourrait-on les diviser en deux classes: les unes, constitutionnelles, nées avec le vers, le constituent en quelque sorte; les autres, conventionnelles, formulées plus ou moins tard, nées tantôt de l'épuration du goût, tantôt d'un état passager de la langue, et appelées dans ce cas à disparaître avec lui.

Quand on suit la série des auteurs qui, depuis le XIIe siècle jusqu'à nos jours, ont colligé les règles de versification de leur époque, on voit, à mesure que la langue change, que le goût s'épure, les règles hésiter d'abord, être controversées, puis se décider, parfois par l'autorité d'un seul homme, et, de l'avis de tous, se transformer pour se mettre d'accord avec le changement accompli. Nous aurions pu facilement nous étendre tout au long sur les variations de notre versification; nous avons cru que cela était parfaitement inutile et en dehors de notre but; nous cherchons ici, non ce qui a été, mais ce qui est et ce qui devrait être. Nous nous contenterons d'indiquer, en passant, s'il y a lieu, ce qui s'est fait à telle ou telle époque.

Toutes les règles adoptées au moment où nous écrivons sont-elles également bonnes, convenables au temps, et, par conséquent, doivent-elles être conservées?

Déjà, il y a une trentaine d'années, la légitimité de

quelques-unes d'entre elles a été vivement contestée par une école d'innovateurs qui, en cherchant à rompre les entraves trop étroites où voulait les enfermer pour le choix des idées et des expressions l'art poétique de leurs devanciers, ont du même coup sabré, un peu à tort et à travers, les rênes de la forme.

Dès-lors, deux écoles se sont constituées : les classiques, fanatiques de l'infaillibilité du XVIIe siècle, qui considèrent comme immuables les règles suivies par Racine et Boileau ; les romantiques qui, brisant les chaînes et n'ayant pas su se faire un code nouveau, n'obéissent plus à proprement parler qu'aux règles qui leur conviennent, et s'en vont vaguant au hasard, chacun selon sa fantaisie.

Nous ne parlons ici, bien entendu, que de la forme ; la querelle du fond appartient à la poétique, et c'est la versification seule qui fait le sujet de cette étude.

Aussi, les jeunes, les nouveaux venus qui n'ont ni l'idolâtrie des classiques, ni l'enthousiasme de réaction d'où est venu le succès des romantiques, et qui cependant veulent savoir où est la vérité, ne savent où la prendre dans ce chaos de règles scrupuleusement suivies ou audacieusement violées. Fatigué, comme eux, de cette incertitude, d'autant plus grande que chaque camp a des noms glorieux à inscrire sur sa bannière, nous avons pris le parti de ne nous en rapporter qu'à nous-même, à l'oreille, au bon sens, au raisonnement.

Il nous fallait d'abord, comme point de départ, des principes fixes, auxquels nous pussions nous reporter toujours, qui fussent indiscutables pour tous, classiques et romantiques. Voici les deux auxquels nous nous sommes arrêté :

*Axiome I.* — La versification d'une langue doit être réglée d'après la langue telle qu'elle est.

*Axiome II.* — Une langue peut, d'une époque une autre, éprouver des changements.

De ces axiomes nous sommes en droit de tirer ce principe qui pourrait être rangé parmi les vérités de M. de la Palisse :

1er *Principe.* — Quand une langue se modifie, sa versification doit se modifier dans le même sens, et la suivre, comme une esclave, dans toutes ses variations.

Passons au second principe :

*Axiome.* — Le vers est une forme, et, si l'on peut s'exprimer ainsi, une forme musicale.

C'est ce qui le différencie d'avec la prose ; celle-ci peut être mélodieuse, elle ne saurait devenir harmonieuse, musicale, qu'en se soumettant, comme le vers, à certaines règles générales de la musique.

De cet axiome nous pouvons conclure :

2e *Principe.* — Le vers doit être fait pour l'oreille.

« Suy l'usage et le son de l'oreille, lequel avec raison s'attribue en cet endroit les premières parties, et partout ailleurs où le premier regard est, comme icy, de délecter l'oreille. » (SIBILET, *Art poétique*, 1555.)

Ces deux principes posés, c'est devant ces deux juges, la langue française telle qu'elle est aujourd'hui et l'oreille, que nous entreprenons d'examiner une à une la plupart des règles suivies ou contestées de notre versification, parfaitement décidé à ne donner raison qu'à la raison, indifférent que nous sommes aux opinions de telle ou telle école, et nous faisant honneur de n'appartenir à aucune.

---

Le vers français est soumis à certaines règles; les unes, positives, qui exigent que telle ou telle condition soit remplie par lui; les autres, négatives, qui défendent au versificateur certaines choses que la prose admet sans difficulté. Les traités de versification renferment en outre un certain nombre de préceptes, de conseils, qui, pour n'être pas des lois, n'en ont pas moins une grande importance. C'est sur les lois impératives, les règles, que doit porter principalement notre examen.

Nous admettons comme règles des classiques celles que M. Quicherat a formulées dans son *Traité de la Versification française*, ouvrage dans lequel l'auteur a fait preuve d'une connaissance approfondie de nos vieux poëtes, et auquel nous emprunterons quelques citations que nous aurons soin de noter.

Quant aux règles suivies par les romantiques, l'ensemble n'en a pas été rédigé, que nous sachions; nous ne connaissons qu'un petit traité, dit de Prosodie moderne, trop absurde pour que nous veuillons le considérer comme un code accepté par l'école. On est forcé de déduire les règles de la lecture des œuvres; tâche d'autant plus difficile que cette école pourrait être subdivisée en plusieurs sectes. Du reste, au point de vue de la facture, les romantiques n'ont, à vrai dire, rien innové; ils ont simplement supprimé certaines règles classiques afin de se donner plus de liberté.

---

Les règles qui, aujourd'hui, constituent la Versification française, ont trait : aux différentes mesures des vers, à la syllabation des mots, la césure, l'enjambement, la rime, l'hiatus, l'élision de l'E muet, la succession des rimes.

Nous allons les passer en revue et nous ajouterons ensuite quelques mots sur les licences poétiques et l'harmonie en général.

# MESURE DES VERS

—

Les vers français sont dits masculins ou féminins. Toutes les définitions qu'on a essayé de donner de ces mots sont fausses; toutes celles qu'on peut donner le sont également, grâce aux bizarreries de notre langue et de nos règles. Ainsi :

« Vers féminin, le vers terminé par une syllabe muette. » (*Beschcrelle*).

Les mots *année*, *passée*, *joie*, sont terminés par une syllabe sonore et sont féminins.

Le Dictionnaire de l'Académie définit ainsi la terminaison féminine :

« Terminaison dont la dernière lettre est un E muet, ou dans laquelle les consonnes qui suivent l'E muet ne se prononcent point ordinairement. »

La seconde partie de cette définition est fausse; si *ploient*, *croient*, sont considérés comme rimes féminines, *voudraient, combattaient*, sont usités comme rimes masculines.

« Terminaison masculine. — La terminaison d'un mot dont l'E muet ne forme pas à lui seul la dernière syllabe, ou ne concourt pas à la former de manière à s'y faire sentir. »

La première partie de la définition est absurde, l'E muet ne formant jamais à lui seul une syllabe; — la seconde est inintelligible.

« La rime masculine a lieu entre deux syllabes qui ne contiennent pas d'E muet.

« La rime féminine entre deux syllabes qui contiennent un E muet. » (QUICHERAT.)

A part la contradiction résultant de la remarque que nous allons citer, les mots *chapeau, beau*, contiennent un E muet et sont masculins. *Le*, enclitique, comme dans *voyez-le, écoutez-le*, contient un E muet, et, mis à la rime, il devrait être considéré comme masculin.

« REMARQUE. — Les troisièmes personnes du pluriel des imparfaits et des conditionels, en *aient*, ne sont pas réellement une terminaison féminine, parce que l'E qu'elles contiennent, est absolument sourd; on les range donc dans la classe des rimes masculines; ainsi *se mouvaient*, *s'élevaient*.

» Il n'en est pas de même des présents *voient*, *croient*, *essaient*, *paient*, dans lesquels l'E compte pour une syllabe. » (QUICHERAT.)

Ces règles sont absurdes. — Y a-t-il pour notre oreille une différence entre : ils *päient* et ils *trompaient;* ils *essaient* et ils *chassaient;* ils *déblaient* et ils *tremblaient*. Autrefois beaucoup de ces verbes s'écrivaient et se prononçaient : payent, essayent, voyent, croyent, etc.; ce qui donnait des terminaisons vraiment féminines. Cette prononciation a disparu; ces syllabes sont devenues masculines de fait, mais non de droit, la routine aidant. — Tous ces mots doivent être considérés comme masculins.

La syllabe faible qui termine un vers féminin n'est pas comptée dans la mesure du vers.

Ah ! malheur à celui qui laisse la débauche
Planter le premier clou sous sa mamelle gauche.

ALF. DE MUSSET.

Ces vers contiennent treize syllabes; mais la dernière est nulle et ne compte pas.

On a fait des vers français de toutes les mesures, depuis une syllabe jusqu'à seize; mais les vers de neuf syllabes :

Les décès m'ont assez fait connaître;
Préludons sur un ton plus heureux.

BÉRANGER.

ceux de onze :

> Que vous êtes bon ! mon Dieu ! je vous rends grâce !
>
> BÉRANGER.

et ceux qui en contiendraient plus de douze :

> Vois s'élever et fleurir, sur la tombe où tes cendres reposent,
> Un beau laurier, de ta gloire symbole, aux rameaux toujours verts,
> Cher à Phébus, par les Muses planté, qui de larmes l'arrosent,
> Arbre immortel, que respecte la foudre et consacrent tes vers.
>
> J.-A. DUCONDUT.

nous paraissent devoir être surtout employés pour la poésie destinée à être chantée ; ils pourraient peut-être cependant, avec des coupes intelligentes, acquérir une harmonie propre qui les rendrait agréables, au moins pour quelques pièces courtes. Nous reviendrons sur ce point à propos de la césure.

Les vers d'une syllabe :

> Fort
> Belle,
> Elle
> Dort ;
>
> Sort
> Frêle !
> Quelle
> Mort !
>
> Rose
> Close,
> La
>
> Brise
> L'a
> Prise.
>
> C. DE RESSÉGUIER.

Ceux de deux :

Mur, ville,
Et port,
Asile
De mort,

V. Hugo.

Ceux de trois :

Çà qu'on selle,
Ecuyer,
Mon fidèle
Destrier.

V. Hugo.

sont parfaitement inharmonieux, à cause de leur trop grande brièveté, et ne sont guère pratiqués que par les versificateurs qui se livrent à un genre qu'on peut désigner sous le nom de *tour de force;* — Victor Hugo, que nous avons cité, ne s'est laissé aller que deux ou trois fois, dans sa jeunesse, à ces enfantillages.

En réalité, moins de quatre syllabes ne peuvent constituer un vers. Deux et trois syllabes, comme en musique deux mesures, ne forment qu'un pied, un élément; il faut que cette combinaison simple soit répétée pour faire naître le sentiment de correspondance duquel doit résulter le rhythme, élément d'harmonie.

Nous trouvons dans *Les Fleurs du gai savoir* [1] (1376), le plus ancien de nos traités de versification :

« Le bordos, ou vers, doit compter douze syllabes au plus, et au moins quatre. »

« Les vers étant plus petits que ceux de cinq syllabes, ils semblent plustôt un vain caquet de quelque bouffon, que non pas les bien reiglées et harmonieuses paroles d'une poésie. » (DEIMIER.)

Le vers quadrisyllabique n'est guère usité seul.

Les vers de cinq et six syllabes, quoique assez souvent pratiqués seuls, ne le sont pas habituellement; déjà ici nous commençons à trouver plus d'harmonie et plus de latitude; ce qui permet d'éviter une monotonie d'autant plus désagréable qu'elle se produit par des mesures plus courtes :

La biche qui court
Parmi les charmilles
S'arrête tout court :
Et des jeunes filles
Sous tes feux tremblants,
O lune incertaine !
Lavent leurs pieds blancs
Dans une fontaine.

TH. DE BANVILLE.

[1] Las Flors del Gay sabor. — Traduit par M. Gatien-Arnoult.

Jeté sur cette boule,
Laid, chétif et souffrant,
Etouffé dans la foule,
Faute d'être assez grand;
Une plainte touchante
De ma bouche sortit;
Le bon Dieu me dit: Chante,
Chante, pauvre petit.

BÉRANGER.

L'heptasyllabe est remarquable par sa rapidité et l'énergie précipitée qu'il imprime à la pensée.

Où vas-tu? — Vers la nuit noire;
Où vas-tu? — Vers le grand jour;
Toi? — Je cherche s'il faut croire;
Et toi? — Je vais à la gloire. —
Et toi? — Je vais à l'amour.

Vous allez tous à la tombe!
Vous allez à l'inconnu!
Aigle, vautour ou colombe,
Vous allez où tout retombe
Et d'où rien n'est revenu.

V. HUGO.

Le vers de huit syllabes est des plus usités; c'est qu'il partage avec l'alexandrin le privilége d'exprimer toute la gamme des sentiments humains. Sa gaieté l'a fait prodiguer dans les chansons et les couplets de vaudeville, et cependant, est-il rien de plus doucement mélancolique que ces vers de Musset:

Mes chers amis, quand je mourrai,
Plantez un saule au cimetière;
J'aime son feuillage éploré,
La pâleur m'en est douce et chère,
Et son ombre sera légère
A la terre où je dormirai.

Le vers de dix syllabes, autrefois nommé vers commun, était très-usité. On admet assez généralement que Ronsard a considéré le décasyllabe comme étant le grand vers, le vers héroïque, ce qui le lui a fait choisir pour écrire sa *Franciade*. C'est là une erreur; si Ronsard a composé son poëme épique en vers de dix syllabes, il l'a fait à contre-cœur et par l'ordre formel de Charles IX. Son opinion personnelle ressort clairement des trois passages suivants.

Dans l'*Abrégé de l'Art poétique*, œuvre de sa jeunesse :

« Or, comme les alexandrins sont propres pour les subiects héroïques, ceux-cy (les vers communs) sont proprement nez pour les amours. »

Dans la préface de la *Franciade*, le poëte dit, il est vrai :

« Il ne faut t'esmerveiller, lecteur, de quoy ie n'ay composé ma *Franciade* en vers alexandrins, qu'autrefois en ma ieunesse, par ignorance, ie pensois tenir en nostre langue le rang des carmes héroïques, encores qu'ils respondent plus aux senaires des tragiques qu'aux magnanimes vers d'Homère et de Virgile... Depuis j'ai veu, cogneu et pratiqué par longue expérience que ie m'étais abusé; car ils sentent trop la prose très-facile, et sont énervez et flaques, etc...»

Mais dans une réédition de l'*Art poétique*, publiée après la mort du roi, dont il avait subi la volonté, et citée par Ménage, Ronsard se rétracte formellement et donne nettement son opinion personnelle :

« Si ie n'ay commancé ma *Franciade* en vers alexandrins, lesquels iay mis, comme tu sais, envogue et en honneur, il s'en faut prendre à ceux qui ont puissance de commander et non à ma volonté; car cela est fait contre mon gré; espérant un jour la faire marcher à la cadence alexandrine; mais pour cette fois, il faut obéir. »

Le décasyllabe a été, mais par d'autres que Ronsard, considéré comme vers héroïque; Sibilet lui donne continuellement ce nom par opposition à l'alexandrin. (Voir page 68.)

Voltaire a essayé sans succès de l'introduire au théâtre. Béranger s'en est souvent servi :

Vous vieillirez, ô ma belle maîtresse !
Vous vieillirez et je ne serai plus...

Le vers de douze syllabes, grand vers, alexandrin,

est celui qui est le plus habituellement mis en pratique; il a le triple avantage d'avoir par lui-même de l'ampleur et de la majesté, de mettre le poëte plus à l'aise que toute autre mesure, et de n'être pas fatigant pour peu qu'il soit bien manié. Il est le seul qu'admette le théâtre.

Si Dieu nous a tirés tous de la même fange,
Certe, il a dû pétrir dans une argile étrange
Et sécher aux rayons d'un soleil irrité,
Cet être, quel qu'il soit, ou l'aigle ou l'hirondelle,
Qui ne saurait plier ni son cou ni son aile,
Et qui n'a pour tout bien qu'un mot : La liberté!

A. DE MUSSET.

Nous venons de parcourir les différents vers pris à part; ils peuvent se réunir régulièrement ou irrégulièrement; exposer toutes les combinaisons qu'ils peuvent former entre eux serait inutile et fastidieux; nous ne nous en occuperons pas, quoique aujourd'hui une secte romantique attache une grande importance à des agencements de petits vers et tende, sous ce rapport, à nous faire reculer de plusieurs siècles.

Tout ce qui a trait à la mesure des vers était, à proprement parler, la constatation d'un fait et non une règle; nous n'y pouvons rien trouver de discutable; contentons-nous de dire que les vers ne s'allient généralement bien que quand ils sont de même genre, pairs ou impairs.

# DE LA SYLLABATION DES MOTS

Ce que je t'en viens de dire, n'est que pour te montrer que l'autorité et la raison sont bien souvent divisées.

SIBILET (1555).

« Puisque les vers français ont un nombre de syllabes fixe, dit M. Quicherat, il faut apprendre, avant tout, à compter les syllabes des mots qui y figurent ou qu'on veut y faire entrer. »

Cela est parfaitement juste. — Il semble, à première vue, que c'est là une chose qu'on n'a pas besoin d'apprendre, et que tout homme parlant et entendant parler correctement autour de lui devrait, avec le secours de l'oreille seule, se rendre compte facilement du nombre de syllabes renfermé dans un mot. Il n'en est pas ainsi malheureusement, pour plusieurs raisons.

La prononciation de notre langue n'a pas toujours été la même en tout temps, bien s'en faut; tantôt elle a changé nettement pour un mot et n'a plus varié depuis. Ainsi *diable*, primitivement, compte pour trois syllabes :

> Porte figure de diable.
>
> *Brut*, 1150. QUICHERAT.

Au XVe siècle, la prononciation de ce mot devient incertaine; nous trouvons dans la même pièce, à quelques vers de distance :

> Vestirent habits de diable.
>
> . . . . . . . . . . . . . . .
>
> Non obstant leur habit de diable.
>
> *Repues franches*. VILLON.

Sibilet, en 1555, donne *diable* comme disyllabique; depuis, cette syllabation n'a jamais varié.

> Je veux bien, mes enfants, que le diable m'emporte.
>
> BÉRANGER.

Pour d'autres mots, la prononciation, très-fixe d'abord, a hésité un moment pour en revenir à l'usage ancien qui est resté définitif; ainsi *poëte*, *poésie*, étaient de trois syllabes avant le XVIe siècle.

Aux XVIe et XVIIe siècles, il y eut incertitude; Cl. Marot accepte les deux quantités dans le même poëme :

Aux plus savants poètes je m'en rapporte,

. . . . . . . . . . . . . . .

D'hymnes chantez ; nul poète on n'y vit.

Deimier considérait la contraction comme une licence étrange :

« Dans les escrits de plusieurs poètes, j'ay vu la licence employée estrangement au nom de poète; car ce terme doit toujours être proféré à trois syllabes et non autrement. — Ainsi ils font lire *pète* au lieu de *poète.* »

Même précaution nuisit au poëte Eschyle.

LA FONTAINE.

Aujourd'hui la prononciation est fixée.

Le poëte en des jours impies
Vient préparer des jours meilleurs.

V. HUGO.

Puisque c'est ton métier, misérable poëte.

A. DE MUSSET.

Toutes les époques ont eu de ces mots incertains que chacun a pu allonger ou raccourcir à volonté.

Arière s'est regardée.

. . . . . . . . . . .

La Dameisele arière vait.

MARIE DE FRANCE. — *Lai du Frène.*

Dans le premier vers, *arière* est quadrisyllabe : dans le second, il est trisyllabe ; mot incertain

Si yra maint bon paroissien,

. . . . . . . . . . . . . . . . . . .

Au moustier voy dont suis paroissienne.

VILLON.

Recevez-moi, vostre humble chrestienne.

VILLON.

C'est affaire à un bon chrestien.

CL. MAROT.

Sibilet, dans son *Art poétique*, cite *fuit* comme monosyllabe; dans l'abrégé qui suit, *fuir* est donné pour disyllabe.

Malherbe, cinquante ans après, écrit encore :

Misérable qu'il est se condamme lui-même
A fuir ou mourir.

*Ode à Louis XIII.*

« Malherbe qui avoit l'oreille bonne, ce qui n'est pas une des moindres parties du poète, a toujours fait *fuir* de deux syllabes, et *fuit* d'une syllabe ; et en celà il a été suivi par plusieurs poètes célèbres et approuvé par Vaugelas. » (MÉNAGE.)

Dans ses commentaires sur Desportes, à propos de ce vers

Oui, mais le grand péril suit la grande entreprise.

Malherbe dit :

« Note ici *oui* d'une syllabe et ailleurs il le fait de deux. Je trouve plus raisonnable qu'il soit de deux, comme en *réjoui*, *évanoui*. Toutefois, l'usage doit être le maître. »

Il ne faut qu'un oui mêlé d'un doux sourire.

DESPORTES.

On le voit donc, le nombre de syllabes que contient un mot donné n'est pas toujours facile à fixer. — Notre temps, plus que tout autre peut-être, est entravé par cette incertitude : nous en citerons plus loin de nombreux exemples; c'est qu'il a à vaincre un obstacle de plus.

Autrefois la prononciation hésitait seule, car seule elle faisait la loi; elle était despote; aujourd'hui, qu'on nous permette cette comparaison juste, elle n'a plus qu'une royauté constitutionnelle; outre ses propres tergiversations, elle a à lutter contre les didactiques armés, comme d'une charte, de règles formidables, appuyeés sur des exemples vieux de deux siècles dont ils entendent faire l'autorité éternelle, immuable, et qui, ancrés dans leur routine, veulent nous empêcher de suivre la prononciation du moment où nous vivons, pour nous soumettre, au grand dam de l'oreille, à une syllabation que les maîtres ont suivie, il y a deux cents ans, parce que alors elle était légitime et d'accord avec leur manière de parler; — et ce ne sont pas là des adversaires commodes; comme tous les fanatiques des choses mortes, rien ne les effraie, rien ne les arrête, pas même l'absurde. —

Depuis le premier jour (il y a trente ou quarante siècles), où la phrase harmonieuse, musicale, le vers est apparu, lorsqu'il s'est agi de fixer la quantité, soit métrique, soit syllabique, des mots, c'est à l'oreille, à la prononciation qu'on s'en est rapporté; mais voici que ces juges, incontestés encore, menacent d'effacer les lois fétiches, ces filles mortelles de la raison dont on voudrait faire une foi éternelle; les fanatiques n'ont pas reculé; les dogmes doivent avoir raison quand même; tout le reste a tort, l'usage, l'oreille, la prononciation, et si ces rebelles ne veulent pas plier, on les mettra à part, ils seront relégués dans un bagne avec ce mot au pied : Familier.

Et c'est ainsi qu'il y a aujourd'hui deux prononciations : l'une familière, celle des avocats, des orateurs, des prédicateurs, etc., l'autre noble, celle des dogmes.

Aussi trouvons-nous chez M. Quicherat les phrases suivantes :

« Plusieurs auteurs se sont rapprochés de la conversation en contractant cette désinence. »

(*Paroissien.*)

« Io; — la quantité de cette bivocale ne fait pas difficulté. — La diérèse, *qui s'efface dans le langage familier* [1], doit être conservée en poésie. »

[1] Habemus confitentem reum.

Ce fétichisme, nous le retrouverons ailleurs; nous pourrons encore le prendre en flagrant délit d'aveu, ce qui ne l'empêchera pas de répéter ce vieux refrain d'un autre fanatisme!

Le Roi a tort; vive le Roi quand même.

Les didactiques du bon vieux temps n'ayant pas encore eu l'idée d'inventer une immuabilité, ne se gênaient pas pour discuter même la plus grande autorité de leur temps.

« Et comme le son à l'oreille montre que *miel* et *fiel* se doivent diviser en deux syllabes, combien que l'usage soit au contraire; auquel fondé sur l'autorité de Marot et autres qui l'ont suivy, tu ne peux faillir d'adhérer; mais aussi ne penserai-je point errer disant *miel* et *fiel* de deux syllabes. — Car si tu suis en l'un l'autorité, je regarde en l'autre la raison. »

(Sibilet.)

Pour nous, malgré la profonde admiration dont nous nous faisons gloire pour les maîtres classiques, nous ne pensons pas devoir demander à leurs œuvres ce qu'il nous convient de faire aujourd'hui; et dans cette question de la division syllabique, comme en toute autre, nous consulterons, ainsi qu'ils l'ont fait eux-mêmes, ces juges éternels : l'oreille, la prononciation.

La difficulté de numération des syllabes se présente

quand deux voyelles ou une voyelle et une diphthongue se trouvent placées, l'une à la suite de l'autre, dans le même mot. Dans ce cas, il peut y avoir synérèse ou diérèse.

La *synérèse* consiste à contracter les deux sons en un seul, à en faire une véritable diphthongue.

La *diérèse* au contraire est la prononciation distincte des deux sons nettement détachés l'un de l'autre, de manière à en faire deux syllabes.

Ainsi *chien* est synérésé, c'est-à-dire que le mot se prononce d'une seule émission de voix, donne un seul son à l'oreille, et n'a, par conséquent, qu'une seule syllabe. *Lien* est diérésé ; les sons *i* et *en* se détachent l'un de l'autre et donnent deux notes distinctes : *li-en*.

Si la différence d'articulation de ces deux mots est bien marquée, si l'on ne peut se tromper en les scandant, il n'en est pas de même pour d'autres. Un certain nombre de mots ont une prononciation indécise [1]. Dans ce cas, libres de choisir, pour lequel des deux partis nous déciderions-nous à priori?

Au point de vue de la forme, nous ferons voir plus

[1] On admet souvent que la prononciation varie avec les régions et rend la question plus difficile à juger; ceci n'est vrai que jusqu'à un certain point; s'il y a une différence souvent très-marquée entre la diction du peuple de Bordeaux et celle du peuple de Paris, les gens bien élevés des deux pays, ont, non le même accent, mais la même prononciation ; or, c'est à ces derniers que nous devons nous en rapporter; sinon, il faudrait compter auss avec nos Flamands, et alors, où irions-nous?

loin par un exemple que la diérèse rend le vers plus mou, plus languissant; pour le moment, démontrons-le par la théorie. Tous les poëtes, tous les didactiques ont recommandé de fuir les mots très-longs; plusieurs même, Ronsard entre autres, sans se rendre compte du rapport de cette mesure avec celle des pieds, ont fixé quatre syllabes comme limite; les mots plus longs doivent être chassés du vers.

« Un vice dont les vers sont rendus impertinents et beaucoup désagréables consiste en ces longs mots qui occupent la moitié d'un vers alexandrin, tels que sont ceux-ci : perpétuellement, continuellement, impossibilité, etc. Ces verbes qui tiennent ainsi tant de païs font qu'un vers est d'une part faible, lasche et flestry; et de l'autre si pesant et incommodé, qu'il semble que la voix ne peut jamais sortir de le proférer tant un terme si long l'appesantit d'une charge trop dure et mal gracieuse en sa vanité. » (DEIMIER.)

C'est que, pour être vraiment harmonieux, le vers doit être non pas seulement cadencé, ce qui s'obtient au moyen de la césure et du repos final, mais nombreux : or le nombre est en raison directe des accents toniques que contient le vers. Le mot *nombreux* semble avoir perdu toute signification pour les modernes; les classiques, moins poëtes, dit-on, mais à coup sûr plus érudits, plus savants que nous, comprenaient bien et le sens du mot et la valeur de la chose :

La cadence aussitôt, la rime et la césure,
La riche expression, la nombreuse mesure.

BOILEAU.

Un exemple prouvera, mieux que tout raisonnement, ce fait que le nombre dans le vers est en raison directe des accents :

L'imagination qui nous entraînera.

La cadence suffit à constituer un vers; celui-ci est cadencé; mais est-il harmonieux? Non; c'est qu'il n'est pas nombreux; il ne contient que deux accents toniques, un à la fin de chaque hémistiche.

L'imagination nous plaira davantage.

La cadence reste la même; ce vers est plus harmonieux que le précédent; il renferme un accent de plus sur la neuvième syllabe.

Supposez enfin ce vers :

L'image en action nous plaira davantage.

Voilà un vers nombreux; il nous offre quatre accents toniques; l'oreille, pour en saisir l'harmonie, trouve quatre jalons. Deux sont forts de premier ordre, car ils le sont à la fois par nature (accents toniques) et par position (suivis d'un repos); deux sont forts de second ordre, qui sont tels par nature seulement.

Ceci démontré, il est évident que l'abréviation des

mots par la synérèse est une chance de plus de donner aux vers plus d'accents toniques, de les rendre par conséquent plus nombreux, plus harmonieux.

Au point de vue du fond, le vers est destiné à exprimer des idées; chacun des mots qui le composent exprime une idée particulière; si l'on admet, ce qui ne peut être douteux, qu'il faut tendre à faire entrer le plus d'idées possible dans le moins d'espace possible, nous pratiquerons toujours la synérèse; en effet, si, dans un vers, deux de ces mots se rencontrent que l'oreille permet de synéréser ou de diéréser à volonté, en les synérésant nous obtiendrons une place de deux syllabes que nous pourrons remplir soit par une épithète, soit par tout autre mot représentant une idée; le vers, dans ses douze syllabes, contiendra une idée de plus, ce qui est évidemment un avantage.

A considérer enfin le rapport avec l'avenir d'une règle à formuler, c'est un fait frappant pour quiconque suit les variations de notre langue depuis son origine, que plus nous marchons, et plus nous tendons à abréger nos mots; presque tous ceux dont la prononciation a changé ont varié de la diérèse à la synérèse, très-peu en sens inverse. En synérésant, nous aurons donc pour troisième avantage une chance plus grande de nous trouver d'accord avec nos descendants.

Si maintenant, après avoir constaté ce qu'il vaudrait mieux faire, nous examinons les règles de la versification française sur ce point, nous verrons qu'elle a pris le parti contraire; autant qu'elle le peut presque, elle prescrit la diérèse, non-seulement dans les cas douteux, mais souvent alors même que la synérèse est clairement indiquée par l'usage, la prononciation générale.

Etudions d'abord avec soin une des règles ayant trait aux mots qu'on rencontre le plus souvent en français; nous chercherons ensuite dans nos poëtes modernes des incertitudes au sujet de mots dont la loi classique pense cependant avoir fixé et immuabilisé la quantité; nous donnerons enfin notre opinion.

Les mots qui renferment *tieu* ou *cieu*, *tion*, *gion*, *nion*, etc., c'est-à-dire un son fort et plein précédé d'un *i* que précède lui-même une consonne.

Tous ces mots sont diérésés par notre versification. Il est facile cependant de reconnaître que si, ce qui est probable, à l'époque où la règle a été établie, elle était d'accord avec la prononciation commune, il n'en est plus de même aujourd'hui; nous aurions tout bénéfice à synéréser ces mots qui nous forcent, lorsque nous les rencontrons dans un vers, à changer notre diction ordinaire, et à traîner sur le son *i* pour le détacher de la note suivante, sous peine de détruire l'harmonie qui résulte du nombre et de la disposition des syllabes. A lire les vers couramment comme de la prose, tous ceux qui renfermeront un de ces mots paraîtront faux à l'oreille, et, de fait, auront réellement une syllabe de moins. Nous avons, il est vrai, cette ressource de traîner sur l'*i*, de lire lourdement, ce qui paraît constituer la prononciation noble; cela conserve au vers sa mesure, mais au détriment de tout le reste.

Pour bien faire sentir l'inconvénient de cette diérèse, qu'il nous soit permis de donner un exemple forgé au hasard. Supposez ce vers :

Le but essentiel de la religion.

Lisez-le en scandant de manière à faire sentir que c'est là un vers, et voyez s'il n'est pas lourd, pénible à prononcer et à entendre, en un mot, complètement inharmonieux. Changez-le à peine en synérésant les deux mots *essentiel* et *religion*, dites :

C'est le but essentiel de notre religion.

Comparez ce vers au précédent, et voyez si celui-ci n'a pas, relativement, une franchise d'allure, une légèreté qui manque absolument au premier, alourdi par une double diérèse. Cette contradiction de la prononciation et de la diérèse exigée est évidente et saute à l'oreille de quiconque n'est pas décidé à prendre, selon l'expression de Marmontel « la pesanteur pour de la majesté. » Elle suffit à condamner la règle.

Comme preuve de la contradiction, lisez des vers de jeunes gens qui, après avoir superficiellement étudié les règles, s'essaient à composer des poésies : vous verrez que, sans se douter de ce qui constitue la noblesse du vers, ils synérèsent souvent des mots diérésés de par la loi.

Voici un exemple emprunté à une brochure publiée par un étudiant, M. E. de Chancel, sous le titre de *Péchés de Jeunesse :*

Disant d'un air naïf au sortir des pensions.

L'auteur a toujours prononcé et entendu prononcer le mot *pension* disyllabe ; guidé par une oreille juste et l'heureuse ignorance de la règle, il s'est bien gardé de le faire trisyllabe.

Consultons un autre naïf, un étranger :

Avec toi je m'élève aux régions immortelles.

OLTAVIO TASCA. — *Vers à Méry.*

Voilà, malgré la loi, *régions* disyllabe, et dans un vers parfaitement musical.

N'allez pas croire cependant que les ignorants aient seuls fait ainsi ; des poëtes de talent, même de génie, n'ont pas reculé devant ce sacrilége. Nous en donnons des exemples ; on en trouvera d'autres plus loin.

Le bonhomme, chargé de fluxions et d'années,
Lutte depuis longtemps contre les destinées.

RÉGNARD.

Pour sa damnation encourir.

MALHERBE.

La rivière exhalait un air pestilentiel.

BARRILLOT

Le monde t'appelait, ô doux crucifié!
Agneau d'expiation! volontaire victime!

BRIZEUX.

Ce dernier vers, en style noble, a une syllabe de trop; il n'en est pas moins parfaitement juste pour vous, lecteur, et pour nous.

Jamais confessional ne vit de chapelet.

A. DE MUSSET.

Appelons-en enfin au premier venu, à une administration qui aurait tout intérêt à suivre la règle classique.

Le tarif officiel pour les dépêches télégraphiques privées destinées à l'étranger donne ceci comme renseignement :

« Tout mot ayant plus de sept syllabes est taxé pour deux mots. Exemple :

« Constitutionnellement. — Un mot.
» Incompréhensibilité. — Deux mots. »

*Constitutionnellement* n'a que sept syllabes et est synérésé, par conséquent.

Pour nous, plus nous consultons notre oreille, celle des autres, plus nous acquérons cette conviction que les mots renfermant une bivocale dont le premier son est *i*, voyelle essentiellement liante, doivent généralement être synérésés, sauf les restrictions que nous indiquerons plus loin.

Quelques exemples pris dans nos auteurs modernes nous mettront à même de juger si la prononciation de bien des mots peut être considérée comme immuable depuis le XVIIe siècle, et si nous ne sommes pas, nous aussi, en proie à bien des incertitudes.

> Ni peintre, ni sculpteur, il fut musicien...
>
> V. HUGO.

> Voilà les musiciens qui sont déjà trouvés.
>
> A. DE MUSSET.

> Rebâtir avec soin les histoires anciennes,
> . . . . . . . . . . . . . . . . . . . . .
> Et toutes les blancheurs de rêves anciens.
>
> TH. DE BANVILLE.

> Sous les cyprès anciens que de saules nouveaux.
>
> A. DE MUSSET.

> Les cloîtres anciens sur leurs grandes murailles.
>
> CH. BAUDELAIRE.

> Où tout n'est qu'or, acier, lumière et diamants.
> . . . . . . . . . . . . . . . . . . . . .
> La jarretière, ainsi qu'un œil vigilant flambe,
> Et darde un regard diamanté.
>
> CH. BAUDELAIRE.

Peut-être bien aussi la fée orientale
Aura laissé tomber ses diamants près de vous.

E. DE CHANCEL.

Nous avons cité plus haut ce vers :

Jamais confessional ne vit de chapelet.

Voici le pendant :

Tu vas t'asseoir à l'ombre
Des confessionaux.

A. DE MUSSET.

La mieux, la plus aimée, une Vénitienne.
. . . . . . . . . . . . . . . . . . .
Albertus un moment crut voir sa Vénitienne.

TH. GAUTIER.

L'une ajustant le voile au front de la fiancée.

LAMARTINE.

Tu m'as vengée, adieu ! je suis la fiancée
De Petruccio Balbi qui s'est noyé pour toi.

A. DE MUSSET.

Elle était fiancée à l'hymen inconnu.

V. HUGO.

Où l'on voit des millions de sphéroïdes.
. . . . . . . . . . . . . . . . . . .
Six millions de bras qui se mettent à l'œuvre.

BARRILLOT.

Je te saisis, violon triste et tendre.

Et plus loin :

Je me perdis si loin dans ma tristesse
Que je brisai mon violon gémissant.

ARS. HOUSSAYE.

Et sur l'Académie, aïeule et douairière.

V. HUGO.

Tes meubles furent mis, douairière, au Châtelet.

A. DE MUSSET.

Le grand arc de Sévère enfoui jusqu'aux genoux.

A. BARBIER.

J'enfouis ce trésor dans mon âme immortelle.

A. DE MUSSET.

Ma raison a tué mon royalisme en duel.
. . . . . . . . . . . . . . . . . . .
Le duel de Jarnac ; le duel de Carrouge.

V. HUGO.

Où l'ange inviolé se mêle au sphinx antique.
. . . . . . . . . . . . . . . . . . .
Si le viol, le poison, le poignard, l'incendie.

CH. BAUDELAIRE.

Hier, j'étais puissant ; hier, trois officiers...
. . . . . . . . . . . . . . . . . . .
Hier j'avais cent tambours tonnant à mon passage.

V. HUGO.

N'était-ce pas hier qu'à la fleur de ton âge
Tu traversais l'Europe une lyre à la main.

. . . . . . . . . . . . . . . . . . . .

Or je me demandais hier dans la solitude.

A. DE MUSSET.

Courtiser à l'écart une petite niaise.

TH. GAUTIER.

*Niaise*, disyllabe dans ce vers, est donné comme trisyllabe par tous les dictionnaires de rimes.

Et puis sa voix s'enfla comme un bruissement d'o ….

EDG. QUINET.

L'herbe tremble et bruit comme une multitude.

V. HUGO.

Nous n'en finirions pas, si nous voulions citer toutes les inexactitudes, toutes les fautes contre la règle qu'on peut relever à chaque pas chez nos poëtes modernes; fautes dans lesquelles est implicitement comprise une protestation, poëtes dont certains, n'en déplaise aux classiques, seraient en droit d'être considérés par nous comme des autorités, si nous n'étions de ceux qui ne veulent accepter en rien l'*ipse dixit*.

S'il y a tant d'incertitude dans la syllabation des mots, c'est, en partie, faute de lois. Il n'a pas été établi en effet de règles proprement dites. Nous avons vainement cherché dans le Traité de M. Quicherat et chez les auteurs qui, avant lui, se sont occupés de la versification française, les lois générales qui doivent nécessairement présider à la synérèse et à la diérèse des bivocales. A part la règle des deux consonnes, dont une liquide, nous n'avons rien trouvé qu'une longue nomenclature de toutes les bivocales possibles et même de mots avec cet arrêt : Ceci doit être diérésé, ceci doit être synérésé; de raisons, aucune, sinon que tel ou tel, autorités remontant à deux siècles, ont fait ainsi, ou des motifs tirés du latin qui doit nécessairement nous apprendre comment nous prononçons.

Cependant, nous en étions sûr, pour n'avoir pas été formulés, des principes n'en devaient pas moins exister; rien ne va au hasard, pas plus dans la formation des langues et celle de leur prononciation qu'en tout autre chose. — Il n'était pas possible qu'une grande quantité de bivocales se présentassent dans la langue française sans qu'elles se réunissent par groupes obéissant chacun à une loi particulière. Une langue se forme par l'usage seul, comme au hasard; mais l'usage obéit, sans le savoir, à des lois mystérieuses et comme virtuelles; lorsqu'un homme vient que frappe tel ou tel groupe de faits, il n'invente pas une règle, il constate et formule une loi qui, pour n'avoir pas été exprimée auparavant, n'en a pas toujours moins dirigé l'usage qu'elle finit, une fois formulée, par soumettre complétement.

Le moment est-il venu où l'on puisse découvrir toutes les règles cachées qui président à la formation de la prononciation française? Nous ne le pensons pas; mais, convaincu d'avance que quelques-unes sont déjà possibles à trouver, nous avons cherché; nous espérons avoir, pour la première fois, formulé quelques-unes de ces lois très-simples qui pourront guider peut-être d'autres plus habiles que nous.

I. Règle générale. — Une bivocale étant donnée, la synérèse ou la diérèse ont lieu par l'influence de la première voyelle que nous nommerons pour ce motif *dominante*.

Nous disons voyelle, parce que les diphthongues simples, *ou*, *eu*, etc., ne sont pour l'oreille autre chose que des voyelles.

L'étude des bivocales est considérablement simplifiée par cette règle générale; d'abord, les sons qui entrent dans la première moitié sont au nombre de six seulement : A, E, I, O, U, OU; parmi lesquels les deux premiers se présentent si rarement qu'on pourrait se dispenser de les faire entrer en ligne de compte. Puis, il n'y a plus à s'inquiéter de la seconde moitié, la plus variable. Les règles seront les mêmes pour toutes les bivocales dont la dominante est la même : *ia*, *iou*, *ion*, *ier*, etc.

II. L'influence de la dominante dépend, soit d'elle-même, de sa nature, soit des circonstances qui l'accompagnent.

III. — Une circonstance concomittante peut amener à la diérèse une dominante qui provoque par sa nature la synérèse.

IV. — Rien ne peut rendre docile à la diérèse une dominante qui y répugne.

Avant d'aller plus loin, expliquons ces règles par des exemples.

L'influence de la dominante dépend d'elle-même, de sa nature. Etudions l'influence propre à chacun de ces sons : A, E, I, O, U, OU.

A est excessivement rare; cette voyelle force la diérèse en français : Laomédon, Laerte, maïs, Laïs, haïr.

En vertu de la quatrième règle, nous voilà débarrassé du son A. Toute bivocale qui le contient comme dominante sera diérésée.

E. Autant en dirons-nous de cette voyelle qui, par sa nature force la diérèse : Fléau, Créuse, Méléagre, léonin. Cette affirmation n'eût pas été possible autrefois; beaucoup de mots de la vieille langue présentaient la bivocale *ei*, qui eût été susceptible de synérèse : Reïne, meïne. Tous les mots de ce genre ont disparu. On trouve encore *paysan*, disyllabe, ce qui est irrationnel, ce mot venant de *pays*. Certaines bivocales dont la synérèse serait absolument impossible aujourd'hui ne formaient qu'une seule syllabe avant que la langue fût assez avancée dans sa formation; ainsi *fléau* :

> Maintenant la santé se logeait en mon sein,
> Tantost la maladie, extrême fléau de l'âme.
>
> RONSARD.

Le mot *fléau* avait probablement alors la prononciation qu'il conserve encore dans certaines parties de la France : *flau*.

Ces deux premières voyelles devant toujours provoquer la diérèse, il n'en reste que quatre qui puissent être l'objet de quelque difficulté; nous avions raison de le dire, notre première règle simplifie considérablement l'étude des bivocales.

Hâtons-nous, pour le prouver mieux, de nous débarrasser de la dominante

O, très-rare, et qui se trouve dans les mêmes conditions, c'est-à-dire force la diérèse. — *Poëte, Noé, Simoïs.* Il est bien entendu que n'ayant ici à nous occuper que de l'oreille, nous considérons le son et non le signe orthographique. — *Moelle*, pour nous, c'est *mouålle*...

Ce que nous venons de dire nous donne une règle particulière.

V. Les dominantes A, E, O, forcent la diérèse.

I. Cette voyelle est celle qu'on rencontre le plus souvent comme dominante, la plus importante par conséquent à étudier, celle sur laquelle planent le plus d'incertitudes; presque tous les exemples que nous avons cités, ceux que nous pourrions citer encore, la présentent comme dominante.

Par nature, l'I est très-liant; toutes les fois qu'il n'en est pas empêché par une influence extérieure, il provoque la synérèse. — *Diable*, *fièvre*, *cieux*.

OU. Cette dominante, que les anciens nommaient, ainsi que l'I, son liquide ou liant, fait naître la synérèse. — Aussi, quelle que soit l'orthographe qui la représente, la diphthongue *OUA* n'est peut-être pas diérésée dans un seul mot français. — *Moelle*, *aquatique*, *quoi*, *coi*, *couate*.

On trouve des mots renfermant la dominante *ou* tantôt contractés, tantôt diérésés. — Ainsi *Louis*.

Il est dans l'atrium le beau rouet d'ivoire.
V. Hugo.

Ne chercherait-on pas le rouet de Marguerite
Dans ce mélancolique et chaste paradis.
A. de Musset.

Mais, vu sa nature et la tendance de notre langue à abréger les mots, il est facile de prévoir que plus tard elle provoquera généralement la synérèse.

VI. I et OU dominantes, sons liquides et liants, provoquent par nature la synérèse.

L'influence de nature de l'U est moins simple ; il se lie facilement à certaines voyelles, difficilement à d'autres.

VII. Lorsque la dominante U est suivie de l'I ou du son nasal IN, il y a contraction. — *Suivre, luire, suinter.*

Son influence est variable par rapport à l'E ; en général, la synérèse d'une bivocale est d'autant plus facile qu'elle est précédée d'une articulation plus forte.

VIII. La bivocale UE se contracte facilement quand elle est précédée d'une articulation gutturale forte. — *Équestre, écuelle.*

Ce mot *écuelle*, quadrisyllabe autrefois :

> Qui vaillant plat ni escuelle
> N'eut onques, n'ung brin de percil.
>
> VILLON.

est trisyllabe aujourd'hui.

Des écuelles où brûle un philtre aux ueurs bleues.

V. Hugo.

Une écuelle de bois pour recevoir la soupe.

Lamartine.

Un fait très-remarquable, et qui vient à l'appui de ce que nous avançons, est la manière différente dont nous avons instinctivement prononcé les mots latins : *qui*, *quœ*, *quâ*, *quod*. — UE, UI, précédés d'une gutturale forte, se contractent facilement; nous disons *kui*, *kuœ;* UA en dur, nous avons adopté KOUA. — UO et OUO sont durs tous deux, nous supprimons complétement le son intermédiaire : KOD.

IX. Dans tout autre cas, l'U force la diérèse. Nous ne savons pourquoi quelques auteurs font parfois le mot *duel* monosyllabe.

Tous les duels, mon enfant, n'ouvrent pas une tombe.

Em. Augier.

L'étude des dominantes, dans leur nature, ne nous en a donc laissé que trois pouvant donner lieu à de nouvelles règles. — I, OU et U dans certains cas.

Lorsque la dominante est I, OU, U, et fait partie d'un radical, deux cas peuvent se présenter :

X. Si le radical d'un mot ou l'un de ses dérivés

est terminé par la dominante seule ou suivie d'un E muet, il y a diérèse.

Exemple : — *Envie; — envi-eux; — envi-able. — Joli; — joli-ette. — Vertu; — vertu-eux. — Joue; jou-eur.*

Cela dépend de ce que nous sommes habitués à forcer sur cette lettre, que nous prononçons ainsi parfois appuyée de l'accent tonique. — C'est cette influence de l'accent tonique qui nous engage, à notre insu, à insister sur la voyelle devenue dominante d'une bivocale, et à la séparer ainsi du son qui la suit.

Dans tout autre cas, quand le radical ne se retrouve pas dans la langue et est purement étymologique, la diérèse n'est pas forcée; la bivocale n'obéit plus qu'aux autres règles. — *Religion, pension, prétentieux*, doivent être synérésés.

Aussi y a-t-il diérèse dans *nous alli-ons*, de *allier*, j'*allie*, et non dans *nous allions*, de *aller*. Il y a donc, pour nous, une faute dans ce vers :

Et nous remercions Berthe et Dieu.

Barrillot.

Tandis que nous avons approuvé celui-ci :

Disant d'un air naïf au sortir des pensions.

XI. Les sifflantes placées avant la bivocale facilitant beaucoup la synérèse, nous admettrions volontiers, dans ce cas, des exceptions à la règle précédente ; nous ne ferions aucune difficulté pour contracter : — *Initier*, *initions*.

XII. Toutes les fois que, dans une bivocale, la dominante est précédée d'une liquide que précède elle-même une autre consonne, il y a diérèse forcée. — *Sangli-er*, *septentri-on*, *Bri-arée*.

De celles que nous donnons, cette règle est la seule qui ait été déjà formulée.

« Mais il y a une difficulté pour les mots en *ier ;* il y a quelques-uns de ces noms qui sont si rudes en voulant faire *ier* d'une seule syllabe qu'on ne les peut presque prononcer, comme *sanglier*, *baudrier*, *ouvrier*.

» C'est pourquoy il semble qu'il faudrait garder cette règle de consulter l'oreille plus que tout autre chose, et de faire *ier* monosyllabe en tous ceux où il se peut prononcer sans peine, mais de le faire de deux syllabes dans ceux où il ne se peut prononcer de cette sorte qu'avec une grande rudesse, à ceux des deux consonnes qui le précèdent. — C'est pourquoy il n'y a point d'oreille qui puisse trouver que ce vers ait la juste cadence qu'il doit avoir :

» Le sauvage sanglier de sa meurtrière dent.

» Il n'y en a point, au contraire, qui ne soit satisfaite de celui-ci :

» De l'aspre sanglier la meurtrière dent.

» *Port-Royal*, 1663. »

Nous ne pensons pas qu'on puisse, pour le moment, formuler d'autres règles ; celles que nous venons d'indiquer ne sont pas toutes sans exceptions ; certaines seront peut-être révisées plus tard ; — fussent-elles toutes justes, une fois mis à part les mots qui leur sont soumis, il en restera un grand nombre qui ne pourront que dans l'avenir, être groupés sous des lois précises ; notre prononciation, quoi qu'on en puisse penser, est encore loin d'être arrêtée.

En attendant, pour tous les cas qui ne seraient pas nettement fixés par les règles que nous avons données et que nous croyons justes, il nous paraît que les poëtes feront bien de s'en rapporter à l'oreille seule pour la syllabation des mots ; de profiter, pour se donner plus de liberté, de l'incertitude de la prononciation, et, ayant le choix, de préférer la synérèse.

Avant d'abandonner cette question de la numération des syllabes, faisons remarquer que pour que le premier son d'une bivocale puisse devenir transitoire, il faut qu'il soit en quelque sorte poussé par une articulation ; la consonne semble avoir hâte d'atteindre le son fort, accentué, sur lequel elle puisse s'appuyer, et, dans ce but, efface à demi la première moitié de la diphthongue. Il ne saurait donc y avoir synérèse d'une bivocale, si elle n'est précédée d'une articulation exprimée ou non par un signe, car il est des cas où, pour n'être pas représentée par un signe écrit, l'articulation n'en existe pas moins, vague, rudimentaire si l'on veut, mais réelle. — Je n'en veux pour preuve que la manière dont beaucoup de personnes prononcent certains mots : *oui*, *ouate;* — *voui*, *vouate.*

Une articulation quelconque, même à peine perceptible, comme celle dont il est question ici, suffit pour empêcher l'élision d'un E muet (faible). Ceci fera comprendre pourquoi le mot *hier*, par exemple, tantôt diérésé, tantôt synérésé, heurte l'oreille dans tel vers et ne la choque pas dans tel autre.

La reine hier s'en allait les yeux baignés de larmes.

. . . . . . . . . . . . . . . .

Reine hier s'en allait les yeux baignés de larmes.

Dans le premier vers, *hier*, contracté, est forcément précédé d'une demi-articulation; il n'y a qu'une demi-élision de l'E féminin qui le précède; le vers blesse l'oreille, il est quasi-faux.

Dans le second cas, au contraire, le diérèse efface toute articulation, l'élision est complète, le vers juste.

L'observation que nous venons de faire explique et légitime certains hiatus apparents chez les classiques, beaucoup plus délicats que les modernes, quoi qu'on en dise, et beaucoup plus forts sur les finesses de la versification dont les moindres détails ne leur échappaient guère.

Monsieur, votre congé ? — Oui ; madame me chasse.
. . . . . . . . . . . . . . . . .
Oui, hier il me fut lu dans une compagnie.

MOLIÈRE.

Il vous dit non pour oui, oui pour non ; il appelle
Une femme monsieur, et moi mademoiselle.

RÉGNARD.

---

# DE LA CÉSURE

Les vers de dix et de douze syllabes ont toujours un repos suspensif; le vers de dix doit l'avoir à la quatrième syllabe, celui de douze à la sixième.

(*Las Flors del Gay Saber* — 1376).

Le mot *césure* signifie coupure; la césure d'un vers est donc l'endroit où il est coupé, c'est-à-dire où il y a un repos, repos qui doit tomber sur une syllabe accentuée.

Il importe de faire remarquer, car bien des gens s'y trompent, que la césure est un repos musical qui peut coïncider avec un repos grammatical, mais est de nature essentiellement différente; l'une a trait à la cadence du vers, l'autre au sens. Un vers pourrait contenir dix repos grammaticaux et être mal césuré!

: Qui donc? — Moi. — Toi! — Moi. — Grands dieux! — Arrête. — Non, grâce Pour lui.

Ce vers renferme sept repos grammaticaux et n'est pas cadencé.

Les vers de moins de sept syllabes n'ont pas de césure fixe; pour qu'ils satisfassent l'oreille, il suffit qu'ils présentent, à part la rime, un ou deux accents toniques dont la position peut varier.

Les vers de sept et de huit syllabes peuvent être ou n'être pas coupés régulièrement, celui-ci après la quatrième, celui-là après la troisième syllabe. On ne peut s'empêcher de reconnaître qu'ils gagnent beaucoup à cette césure régulière.

Deux vers seulement sont soumis absolument à cette règle de la césure, le vers de dix syllabes et l'alexandrin. Le vers de dix est césuré ordinairement après la quatrième syllabe.

Un astrologue un jour se laissa choir
Au fond d'un puits. On lui dit : Pauvre bête!
Tandis qu'à peine à tes pieds tu peux voir,
Penses-tu lire au-dessus de ta tête?

La Fontaine.

Dans les premiers temps on n'admettait pas d'autre césure.

« Il faut observer que, dans le vers de dix syllabes, le repos est à la quatrième syllabe, et qu'on ne doit jamais changer cette mesure; c'est-à-dire qu'il ne faut jamais placer le repos à la sixième syllabe au lieu de la quatrième, car cela n'est pas harmonieux. »

(*Les Fleurs du Gay savoir.*)

Les anciens poëtes, Marot par exemple, et tous les classiques, ont assez souvent pratiqué la césure après la sixième syllabe, mais toujours à titre de licence, et dans ce cas ils ont presque toujours soin de faire tomber un accent sur la seconde syllabe; forme rhythmique régulière que pratiquent presque tous les peuples.

On a aussi divisé ce vers en deux parties égales par une césure placée après la cinquième syllabe; cette forme a été usitée anciennement. Voici un exemple cité par M. Quicherat :

Que l'homme est, Timandre, une faible chose !
Il s'aime pourtant, s'applaudit, s'impose;
Et de tant d'orgueil son esprit est plein,
Qu'il est, après tout, moins faible que vain.

L'abbé Régnier-Desmarest.

Cette formule semble rentrer en faveur depuis peu beaucoup d'auteurs modernes l'ont employée.

N'avez-vous pas vu, drapée en chlamyde,
Une jeune femme aux cheveux ondés,
Qui prend dans le ciel son regard humide,
Car elle a les yeux d'azur inondés.

Ars. Houssaye.

Nous n'insisterons pas sur la césure du décasyllabe; tout ce que nous dirons à propos du grand vers pourra lui être appliqué.

L'alexandrin est coupé après la sixième syllabe et se trouve ainsi divisé en deux parties égales qu'on nomme *hémistiches.*

> Que toujours dans vos vers, le sens, coupant les mots,
> Suspende l'hémistiche, en marque le repos.
>
> BOILEAU.

Cette règle de la césure qui force le poëte à diviser son vers en parties symétriques et à ramener toujours à un point donné un son, nous dirions presque une note pleine et accentuée, cette règle, l'accepterons-nous comme légitime?

Dès son apparition le vers alexandrin a été césuré; aussi peut-on considérer cette règle comme une de celles que nous avons nommées constitutionnelles, qui tiennent à l'essence du vers, le constituent, et sans lesquelles il n'existerait pas.

Limitée dans sa sphère, comme toutes les facultés humaines, la portée de notre oreille ne nous permet d'embrasser d'un trait qu'un nombre restreint soit de notes musicales, soit de sons parlés, nombre qui ne va pas au delà de cinq notes, six au plus. Ce n'est que par une très-grande habitude, avec l'aide des accents toniques, qu'on peut considérer comme des demi-césures, grâce aussi aux demi-repos qui les coupent le plus souvent, que nous parvenons à apprécier sans division marquée le nombre des syllabes dans les vers hepta et octosyllabes; mais pour que le décasyllabe et surtout le dodécasyllabe aient pour nous une harmonie sensible, il faut qu'ils soient divisés en parties qui rentrent dans la portée de notre oreille, dont aucune, par conséquent, ne peut dépasser six syllabes, limite extrême.

Diviser douze syllabes en parties quelconques assez courtes pour être appréciables d'un trait, n'eût pas complétement atteint le but proposé; le vers est, avons-nous dit, une forme musicale; il fallait que cette coupe eût lieu de manière à établir entre ces parties une concordance, un rapport musical; le moyen le plus simple était de diviser le vers en parties égales, on s'y arrêta. Cette division et celle du décasyllabe en deux parties, l'une de quatre, l'autre de six notes, étaient si bien marquées, que, assez longtemps, on permit à la césure une syllabe féminine qui était censée nulle comme celle de la rime.

Le roy d'Espagne aussi, toutefois esbahy,<br>
Selon sa contenance se monstrait réjouy.<br>
. . . . . . . . . . . . . . . . . . .<br>
Outre plus trente pièc*es* de grosse artillerie.<br>
. . . . . . . . . . . . . . . . . . .<br>
Grâce lui cla*me*, tant qu'elle eust pour secours,<br>
. . . . . . . . . . . . . . . . . . .<br>
Dame Véro*nne*, le voyant en tourment.

JEHAN MAROT.

Un autre fait remarquable de l'histoire de la césure est ce qu'on appelait *couppe femenine*, que je ne saurais mieux faire connaître qu'en citant Sibilet, qui écrivait à l'époque où cette césure disparut.

« Il te faut bien garder de faire tomber cest E femenin en quatriesme syllabe au carme héroïque, et en sixiesme au vers alexandrin... Le vers bailleroit et ne seroit bien plein, comme tu peux juger au son de l'oreille, si tu disois en héroïq :

Qui Dieu aime et son commandement.

« Ou en vers alexandrin :

Amour me fait vivre et ta rigueur mourir.

» En ces deux vers mauvais, tu congnois en l'hémistiche où se commet la couppe femenine je ne sçay quel son rompu qui ne touche point pleinement ton oreille. »

Cette coupe féminine est très-commune dans les vieux auteurs.

Dame des cieulx, régente terrienne,  
Empérière des infernaulx palux,  
Recevez-moi votre humble chestienne,  
Que comprinse soye entre vos esleus.

VILLON.

Très-belle fleur, oncques je ne pensay  
Faire chose qui déplaire vous doye

CH. D'ORLÉANS.

La coupe féminine dépendait de ce que l'E, muet aujourd'hui, était sonore; nous aurons occasion de revenir sur ce point.

Jusqu'au moment où est survenue la révolution romantique, personne n'avait songé à contester la nécessité de la coupe régulière des vers.

« Je ne crois pas que dans tout ce que le moyen âge nous a légué de vers (et il y aurait de quoi contrebalancer tout ce qu'on en a fait depuis), on trouvât un seul exemple du repos de l'hémistiche violé. »

(GÉNIN, *Variations du langage français.*)

Vers 1830, non contents de donner aux sujets et à la langue de la poésie une liberté qui souvent a été jusqu'à la licence, les poëtes de la nouvelle école voulurent aussi changer quelque chose à la partie mécanique, au vers; ils accusèrent la césure d'être une entrave inutile et la supprimèrent.

Nous faisons basculer la balance hémistiche.

Le vers. . . . .
. . . . . . . . . . . . . . . . . . . . . .
Et s'échappe, volant qui se change en oiseau
De la cage césure.
. . . . . . . . . . . . . . . . . . . .
J'ai disloqué ce grand niais d'Alexandrin...
. . . . . . . . . . . . . . . . . . . .
Et saccagé le fond tout autant que la forme.

V. HUGO.

Nous avons dit : *voulurent* changer quelque chose,

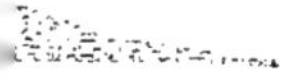

— car tout semble indiquer qu'en décrétant cette suppression de la césure les romantiques ont agi au hasard.

Quelles raisons ont ils données? — Que la césure régulière produit la monotonie!

Mais, s'il en est ainsi, pourquoi ont-ils remarqué ce défaut pour l'alexandrin seul et non pour le décasyllabe toujours césuré par eux? — Est-ce parce que celui-ci étant coupé en parties inégales, la même monotonie ne s'y fait pas sentir? — Mais alors, car cette résurrection est due à l'école romantique, pourquoi ont-ils exhumé le décasyllabe coupé après la cinquième, césure qu'ils ont toujours soin de marquer fortement? — Le bon sens ne dit-il pas que, dans ce cas, les mesures égales entre elles étant plus courtes que dans l'alexandrin, les chances de monotonie sont d'autant plus grandes, et l'expérience ne le démontre-t-elle pas? Si bien que dans une pièce de plus de cinquante vers le décasyllabe coupé en parties égales deviendrait intolérable. — Ce n'est donc pas la monotonie que causerait la césure qui a gêné les romantiques.

On a parlé de césure mobile. — Sous peine de cesser d'être harmonieux, c'est-à-dire de cesser d'être un vers, l'alexandrin, trop long pour une seule mesure, doit se soumettre à cette loi de se diviser en parties ayant entre elles un rapport musical. Douze syllabes, pour obtenir ce résultat, ne peuvent se diviser que de six en six, césure classique; de trois en trois, ce qui donne le même résultat; ou de quatre en quatre. On aurait pu demander le droit de pratiquer cette dernière méthode.

Dans un volume publié il y a quelques années, mon père a proposé cette double césure pour les vers destinés à s'allier à la musique.

Cœur de quinze ans, — il faut aimer — dès qu'on sait plaire,
Plus tard, hélas! — il est trop tard — pour s'enflammer.

Quelques auteurs ont plus ou moins souvent divisé des vers de cette manière. Ainsi les trois derniers de ce quatrain de Victor Hugo.

Vous qui pleurez, venez à Dieu, car il pleure;
Vous qui souffrez, venez à lui, car il guérit.
Vous qui tremblez, venez à lui, car il sourit.
Vous qui passez, venez à lui, car il demeure.

*Contemplations.*

Le jour a lui, le vent se tait, la terre écoute.

Edg. Quinet.

A moi Nemours! à moi d'Aumale! à moi Joinville!
. . . . . . . . . . . . . . . . . . . .
La tête basse, et, comme on dit, à pas de loup.

A. de Musset.

Peut-on admettre que ceci ait été fait à dessein; certes non; du moins, pas par tous. Car, cette césure acceptée, comme l'autre elle doit tomber sur une syllabe accentuée.

Qui s'effeuillent un soir d'été comme les roses.
. . . . . . . . . . . . . . . . . . . .
L'astre sacré qui voit l'âme, triste prunelle.

V. HUGO.

Où sont les césures dans ces vers? Où dans ceux-ci?

Nous montons à l'assaut du temps comme une armée.

V. HUGO.

Le peintre avait coupé le corset. — Véronique...
. . . . . . . . . . . . . . . . . . . .
Puis, un amour âgé de trois ans importune.

TH. GAUTIER.

Or Prosper y posa sa tête. Si l'histoire ..

TH. DE BANVILLE.

La pratique du vers trimètre est fort ancienne; on en trouve des exemples dans Agrippa d'Aubigné; Racine, Molière, La Fontaine l'ont acceptée souvent, mais seulement dans le genre comique.

L'emploi à volonté des vers à césure simple et à césure double pouvait seul constituer ce qu'on aurait pu nommer la césure mobile. Ce n'est pas là ce qu'ont fait les romantiques; les vers que nous venons de citer le démontrent. — Pourquoi donc avoir supprimé la césure classique? — Faut-il accuser l'absence complète de sens musical, avouée par plusieurs d'entre eux et des plus influents? Peut-être en partie.

Ils avaient, avant tout, la volonté de changer; puis, il faut bien le dire, ils ne pouvaient faire autrement sous peine d'inconséquence. Une absurdité en engendre une autre; ils ont voulu pratiquer l'enjambement quand même; or, le but de la césure étant de diviser les vers en deux parties égales, d'une mesure appréciable à l'oreille, puisque par l'enjambement ils allongeaient la seconde mesure, l'égalité, la symétrie étant détruite, la césure ne pouvait plus atteindre le but proposé et devenait, dès-lors, complétement inutile; on l'a donc supprimée, du moins en théorie; car c'est là un fait remarquable que pour les romantiques, la césure soit, non-seulement inutile, mais nuisible, et que cependant, sur cent de leurs vers, vous en trouviez quatre-vingt-dix-neuf très-sensiblement césurés; le centième, non soumis à la loi ancienne, semble arriver exprès pour dire : « Vous le voyez, je n'obéis pas à la règle de la césure. »

Puisque les romantiques coupent régulièrement le plus grand nombre de leurs vers, et c'est là un fait facile à constater, de deux choses l'une : ou, ce que nous ne pouvons admettre, ils mentent aux autres et à eux-mêmes en niant l'importance de la césure, car ils la cherchent; ou bien, s'ils la pratiquent sans y songer, presque malgré eux, il faut bien reconnaître qu'elle donne au vers une harmonie particulière, à laquelle ils ne peuvent se soustraire; dès-lors, si elle est cause d'harmonie, elle est utile et doit être conservée. Si on la disait utile à condition de ne pas la répéter continuellement, nous répondrions que chaque vers est une phrase musicale ou une partie d'une phrase musicale plus longue dont toutes les mesures doivent être concordantes.

Quant à être une entrave, il faudrait n'avoir de sa vie fait un vers pour nier que la césure soit au contraire d'un grand secours au versificateur; en la pratiquant, son oreille, n'ayant à apprécier que des mesures possibles à embrasser d'un trait, lui dit immédiatement si le vers qu'il vient de composer est juste ou non; tandis qu'il n'est certainement pas un vers non césuré dont l'auteur, fût-il romantique, n'ait dû compter les syllabes une à une pour s'assurer qu'il y en avait le nombre voulu, à moins qu'en composant il n'emploie, et c'est là un aveu fait à lui-même, une césure mentale comme celle-ci :

Qui s'effeuillent un soir — d'été, comme les roses.

Un jour, un de nos poëtes fut, pour quelque satire, traduit devant un tribunal; M. Barthélemy demanda, dit-on, aux juges, s'ils voulaient qu'il se défendît en vers ou en prose. L'habile versificateur eût pu parler couramment en vers; d'autres, doués de moins de talent, se sont fait un nom par leur faculté d'improvisation, M. de Pradel, par exemple; mais nous ne craignons pas d'être contredit en affirmant que ni M. Barthélemy ni d'autres n'auraient pu improviser un vers non césuré.

Nous ne voudrions pas porter contre tout une école une accusation de mauvaise foi; cependant, à compter toutes ces absurdes inconséquences, on en serait tenté.

La règle de la césure à la sixième syllabe étant acceptée, depuis quelque trois cents ans que l'E muet perdit de sa sonorité, ce fut une règle dérivée de la première, et incontestée, que la sixième syllabe devait être accentuée et séparée de la septième; partout ailleurs un E muet peut trouver sa place.

La suppression de la règle-mère entraîne fatalement la supression de celle qui en dérive. Ne voulant pas de césure après la sixième syllabe, les romantiques ne devraient plus exiger que cette syllabe soit toujours, quand même, accentuée et séparée de la septième; l'E muet devrait y trouver sa place comme en tout autre partie du vers.

Les poëtes dramatiques ont, depuis trente ans, publié des vers par millions; qu'on les parcoure, nous défions quiconque d'y trouver un vers, un seul, dans lequel la sixième syllabe soit un E muet, comme celui-ci :

Elle m'a dit : Tremble! fille digne de moi.

Ou la pénultième d'un mot masculin,

> La honte est dans l'échafaud et non dans le crime.

Où la septième soit une terminaison féminine non édifiée :

> La colère superbe veut des mots altiers.

Pour ce qui regarde la césure mobile, nous défions encore qu'on puisse trouver dans les œuvres romantiques un vers semblable à ceux-ci :

> Devant ton seuil, — au souffle noir — de la tempête.
> . . . . . . . . . . . . . . . . . . . . . . . .
> Et Pénélope — aux poursuivants — toujours cruelle.

vers faux par rapport à la césure classique, mais très-justes par la double césure, après la quatrième et la huitième syllabe.

Ceci constaté sur des millions de vers de vingt auteurs différents, nous le demandons à tout homme de bonne foi : peut-on mieux avouer l'utilité de la césure, sa nécessité?

Ce fait, que la césure est une condition nécessaire à l'harmonie du vers alexandrin, quelque évident qu'il soit, nous allons le démontrer par quelques exemples :

Prenez ce vers fameux :

> Le crime fait la honte et non pas l'échafaud.
>
> TH. CORNEILLE.

Il n'est pas besoin que les lignes précédentes viennent, soit par la rime, soit autrement, nous dire : voilà un vers alexandrin. C'est un fait qui saisit l'oreille la moins exercée; ceci est un vers, vers par lui-même, et qui se tient bien sur ses pieds. Retournez à la fois le sens de la phrase et les mots :

La honte est dans l'échafaud et non dans le crime.

Qu'est ceci? Une phrase de prose; elle a cependant les douze syllabes nécessaires à la constitution de l'alexandrin; mais si vous voulez vous en assurer, vous serez forcé de les compter une à une; cette phrase ne dit rien à votre oreille; elle n'est donc pas musicale, elle n'est donc pas un vers, forme musicale. La seule différence entre ces deux phrases, dont l'une est un vers, l'autre non, c'est que la première est césurée.

Et maintenant, opposons entre eux des exemples de vers césurés et non césurés, pris dans les œuvres de nos auteurs modernes. Ils se jugeront ainsi eux-mêmes :

Parlez moins haut; prenez garde à ce que vous dites.
. . . . . . . . . . . . . . . . . . . . . .
Les promesses s'en vont où va le vent des plaines.

V. Hugo.

Quand? reprit don Juan d'un ton doucereux. — Tout à l'heure.
. . . . . . . . . . . . . . . . . . . . . .
L'œil fauve des vautours a flamboyé de joie.

Th. Gautier.

Et la lampe s'étant résignée à mourir.

. . . . . . . . . . . . . . . . . . . . . .

Lorsque tu dormiras, ma belle ténébreuse.

CH. BAUDELAIRE.

La solitude avec son baiser sur la bouche.

. . . . . . . . . . . . . . . . . . . . . .

Pleins d'ombrages secrets et de faibles murmures.

TH. DE BANVILLE.

Pour nous, la question ne saurait être douteuse; le vers dodécasyllabe, trop long pour être embrassé d'un trait par l'oreille, doit être divisé en parties symétriques se correspondant harmoniquement.

Les seules césures possibles sont la césure simple après la sixième syllabe et la césure double après la quatrième et la huitième.

Le mot *césure mobile*, si on l'adoptait, signifierait le mélange régulier ou irrégulier des deux coupes. Cette combinaison serait-elle harmonieuse? Peut-être. Dans certains cas, il nous semble qu'on en pourrait tirer un parti avantageux.

Mais j'ai cent ans! — autour de moi — la mort cruelle
Mère! compagne! enfant! — moissonneuse éternelle,
A tout couché — dans le linceul!
Sombre et pensif, — et sous le temps — courbant la tête,
Comme un chêne ébranché — des coups de la tempête,
Dans ma douleur — je reste seul.

Les règles classiques de la césure doivent donc être maintenues; on pourrait donner au poëte un peu plus de latitude et être moins exigeant que les puristes; un demi-repos suffit, mais il est nécessaire.

---

Les vers de neuf et de onze syllabes peuvent, avons-nous dit, être employés pour la poésie destinée à être chantée; ils pourraient même peut-être, avec des coupes intelligentes, acquérir une harmonie propre qui les rendrait agréables dans des pièces courtes.

Le vers de neuf syllabes, lorsqu'on l'employait, devait être césuré après la troisième, ce qui établit entre les deux parties un rapport choquant pour l'oreille.

Ce vers serait harmonieux en lui prescrivant deux césures : l'une après la troisième, l'autre après la sixième syllabe, ce qui le divise en trois parties égales, ainsi que mon père a proposé de le faire en vue de rendre plus facile son alliance avec la musique.

Béranger, composant des paroles sur un air donné, et guidé ainsi par la musique, a fait quelques vers qui présentent cette mesure:

> Les décès — m'ont assez — fait connaître
> Préludons — sur un ton — plus heureux.
> D'un vieillard — l'héritier — vient de naître.
> Sonnons fort; — c'est un fait — scandaleux.

Cette coupe est très-bien marquée dans la plupart des vers de cette chanson, *le Carillonneur*.

Avec cette double césure, le vers de neuf syllabes pourrait donc être employé, mais seulement dans les pièces courtes, la brièveté des mesures le rendant promptement monotone.

A parler juste, le vers de neuf syllabes n'a pas besoin de deux césures, ce mot signifiant repos après la syllabe; une césure après la troisième suffit; la sixième se contente d'un accent tonique, repos sur la syllabe elle-même. A la rigueur même, deux accents toniques suffisent :

La maman est gaillarde et jolie.

Nous pourrions, à l'exemple de tous les peuples modernes, pratiquer le vers de neuf syllabes, avec une coupe féminine après la quatrième; ce qui donne en réalité le vers de huit régulièrement césuré avec coupe féminine.

Vainement souffle — vent printanier;
Garde d'éclore — fleur d'amandier!
Trop tu te presses, — en février.

Pour le vers de onze syllabes, mon père a aussi, au point de vue musical, pratiqué une césure qui permettrait de l'employer même dans la poésie non chantée : elle consiste dans la coupe féminine après la cinquième syllabe avec rime toujours masculine.

O vin, le vrai baume. — des peines, vainqueur,
C'est toi qui m'inspires, — divine liqueur !
C'est toi qui réchauffes — la tête et le cœur;
Des maux qu'exaspère — la triste raison,
Toi seul nous consoles, — dans l'âge grison,
Et sèmes de roses — l'arrière saison !

Ces vers, sauf la rime après la cinquième syllabe, sont absolument identiques à ceux-ci, incontestablement harmonieux :

L'hiver pour le sage
Se change en printemps ;
Il sait du voyage
Remplir les instants ;
Aimer au bel âge,
Mais boire en tout temps.

Coupé ainsi, le vers de onze syllabes pourrait donc être mis en usage. Malherbe l'a employé.

# DE L'ENJAMBEMENT

Le repos plein est celui qu'on fait à la fin du vers.

(*Las Flors del Gay Saber*).

Lorsque entre le mot qui termine un vers et celui qui commence le vers suivant un repos n'est pas possible, il y a enjambement.

« L'enjambement, dit M. Quicherat, est une barbarie de fraîche date. Nos vieux poëtes, et particulièrement les auteurs des *Romans de Gestes*, n'avaient garde d'altérer l'essence même de notre poésie en annulant presque la rime. Les consonnances qui terminaient deux vers pouvaient être mal appropriées, mais toujours elles offraient après elles un repos sensible. »

Depuis le commencement du xv^e^ siècle, l'enjambement devient très-fréquent, et certains poëtes semblent même le chercher.

Comme un larron ; car il fut des
Escumeurs que voyons courir,
. . . . . . . . . . . . . .
Par les costés si se prend ; l'antechrist
Crie : . . . . . . . . . . .
. . . . . . . . . . . . . . .
Beaux enfans, vous perdez la plus
Belle rose de vô chapeaux.

VILLON.

De l'autre part, Léander d'un extrême
Désir qu'il a. . . . . . . . . . .

CL. MAROT.

Se gens ne laissiez en pais, on
Appellera les advocas.

CH. D'ORLÉANS.

Ha ! ie meurs, quand i'y pense ! et de ta bouche pleine
De roses, me versas en l'âme ton haleine.
. . . . . . . . . . . . . . . . . . .
Au reste, si un Dieu voulait pour moy descendre
Du ciel, ferme la porte et ne le laisse entrer.

RONSARD.

Mathurin Régnier, contemporain de Malherbe, et qui a souvent protesté contre les règles que formulait celui-ci, ne se gêne guère parfois sur ce point :

Que j'ayme mes plaisirs et que les passe-temps
Des amours m'ont rendu grison avant le temps.

Mais depuis Malherbe, ainsi que le dit Boileau :

> Et le vers sur le vers n'osa plus enjamber.

les classiques ont été d'une rigidité extrême sur l'enjambement. M. Quicherat considère comme blâmables les rejets suivants :

> Le feu de ses regards, sa haute majesté
> Font connaître Alexandre ; et certes son visage.. ..
>
> RACINE.

> O jeunes voyageurs, dites-moi dans quels lieux
> Je puis la retrouver. . . . . . . . . . . .
>
> DELILLE.

> Et la justice à tous est injuste, de sorte
> Que la pitié me doit leur faire ouvrir ma porte.
>
> CORNEILLE.

Les romantiques ont supprimé cette règle de l'enjambement, en même temps que celle de la césure ; nous l'avons dit, en ceci ils ont été conséquents ; les deux règles se tiennent et sont fondées sur le même principe ; l'une devait entraîner l'autre.

Il n'y a pas d'enjambement que ne se permettent les auteurs de la nouvelle école :

> Un doux être, quinze ans, yeux bleus, pieds nus, gardeuse
> De chèvres. . . . . . . . . . . . . . . .

Je ne demande à Dieu rien de trop; car je n'ai
Pas grande ambition. . . . . . . . . .
. . . . . . . . . . . . . . . . . .
La biche illusion me mangeait dans le creux
De la main. . . . . . . . . . . . . .

V. Hugo.

Non aucune
Langue humaine ne peut conter exactement
Ce qui se fit alors.

Th. Gautier.

A mille pieds en l'air sur
Une corde frémissante
. . . . . . . . . .
Murmurant avec
Les cygnes.

Th. de Banville.

Par la présence de l'enjambement et l'absence de la césure, dans certains passages de nos auteurs l'oreille est complétement désorientée; prenez deux passages du même poëte, écrivez-les sans les couper pour l'œil de douze en douze syllabes et donnez-les à lire à qui vous voudrez en demandant si ce sont là des vers, nous nous étonnerons fort s'il ne vous est pas répondu oui pour les uns, non pour les autres.

« Regardez ceux qui vont liant les blondes gerbes; épelez dans le ciel plein de lettres de feu, et quand un oiseau chante, écoutez parler Dieu.

» Dieu prend par la main l'homme enfant et le

convie à la chasse qu'au fond des champs, au sein des bois, il fait dans l'ombre à tous les êtres à la fois. »

(V. Hugo.)

« Le soleil irrité, penchant son œil de feu, verse sur l'univers une larme brûlante ; l'ange dit à la terre un éternel adieu.

» Le bonheur qui nous vient d'un mensonge est le même que s'il était prouvé par l'algèbre. — Être heureux, qu'est-ce? sinon le croire et caresser son rêve? »

(Th. Gautier.)

« Phœbé, dont chaque nuit absorbe, au dire de la ville, dix hommes, vingt flacons pleins et cinquante mille francs.

» L'éclair enveloppe le ciel d'un sanglant crépuscule, le jour épouvanté cherche l'ombre et recule. »

(Th. de Banville.)

Si nous voulons prendre l'opinion d'un auteur moderne qui peut compter comme une autorité, Alfred de Musset, nous la trouverons implicitement comprise dans *Mardoche*, qui n'est autre chose qu'une parodie des vers romantiques :

J'ai connu l'an dernier un jeune homme nommé
Mardoche. . . . . . . . . . . . . . .
. . . . . . . . . . . . . . . . . . .
Il n'avait lu ni Kean, ni Bonaparte, ni
Monsieur de Metternich. . . . . . .

A la strophe XXXVII, nous lisons ces vers qui ne laissent aucun doute sur l'intention de l'auteur :

Henri huit, révérend, dit Mardoche, fut veuf
De sept reines, tua deux cardinaux, dix-neuf
Evêques, treize abbés, cinq cents prieurs, soixante
Un chanoines, quatorze archidiacres, cinquante
Docteurs, douze marquis, trois cent-dix chevaliers,
Vingt-neuf barons chrétiens, et six-vingts roturiers.

Il est difficile de démontrer mieux et plus spirituellement où mène la suppression des deux règles; excepté dans ses débuts où il s'était laissé entraîner par l'exemple, A. de Musset, après réflexion, ne s'est pas permis l'enjambement. Mais il fallait être Musset pour savoir n'être ni classique ni romantique.

Entre les deux écoles, dont l'une proscrit toute espèce de rejet, tandis que l'autre se les permet tous, où est la vérité?

Le vers alexandrin, avons-nous dit, nous ne saurions trop le répéter, n'est un vers que par son harmonie ; pour être harmonieux, musical, il doit accepter certaines règles générales de la musique, la correspondance des mesures entre elles : de là déjà nous avons conclu à la nécessité absolue de la césure, soit simple, soit double; mais si la dernière mesure est allongée par son empiètement sur le vers suivant, la symétrie sera détruite ; avec la symétrie disparaîtra forcément l'harmonie, l'essence du vers, ce qui le constitue, c'est-à-dire le vers lui-même; le vers, d'ailleurs, n'est le plus souvent qu'une partie régulièrement limitée d'une période; pour être limitée une chose quelconque doit avoir un commencement et une fin : l'enjambement supprime et le commencement et la fin; que peut-il rester? Est-il nécessaire de faire remarquer la contradiction qui existe entre la richesse de la rime, dont le but principal est de marquer la conclusion du vers, et l'enjambement, qui efface la rime?

L'enjambement doit donc être proscrit.

Est-ce à dire qu'il faille sur ce point être aussi rigide que l'ont été les classiques? Nous ne le pensons pas. Il n'y a pas que des repos; il y a des demi-repos, des quarts de repos, qui, pour n'être pas marqués par un signe de ponctuation, n'en existent pas moins; or, un repos très-léger suffit pour qu'une oreille un peu délicate apprécie et la rime et la mesure. Lorsque le rejet est d'un vers entier, deux mesures, ou d'un demi-vers, une mesure, un demi-repos se marque encore davantage à la prononciation; ainsi les rejets que nous avons cités plus haut ne nous paraissent pas aussi blâmables qu'à M. Quicherat. Il y a entre les deux vers un repos qui, pour n'être pas très-accentué, n'en est pas moins réel,

Il serait fort difficile de formuler sur l'enjambement des règles qui renferment tous les cas que le poëte peut rencontrer; les seules possibles sont celles-ci :

Un rejet est acceptable lorsque, entre le premier et le second vers, il y a un repos musical même léger, pourvu qu'il soit sensible.

Dans les cas douteux, le rejet doit être évité.

L'enjambement devient une beauté lorsque le poëte en tire parti pour forcer le lecteur à porter son attention sur un mot important ou pour obtenir un effet d'harmonie imitative.

Mécénas fut un galant homme ;
Il a dit quelque part : qu'on me rende impotent,
Cul de jatte, goutteux, manchot, pourvu qu'en somme
*Je vive*, c'est assez, je suis plus que content.

LA FONTAINE.

Le poëte nous force ainsi très-habilement à remarquer le mot « *Je vive* » qui renferme toute la pensée.

Quelquefois l'un d'entre eux, vaincu du poids des grains,
Qu'il traine en haletant aux greniers souterrains,
*Tombe*, et tout épuisé, etc.

*Roucher*, M. QUICHERAT.

Et les triomphateurs sous les arcs triomphaux
*Tombaient*. . . . . . . . . . . . .

V. HUGO.

Il est donc vrai ! tu sais..... si je n'ai plus qu'une heure
*A vivre !*..... O Jocelyn, pardonne et que je meure.

LAMARTINE.

Remarquons que, dans tous ces exemples, il n'y a pas d'enjambement réel; écrivez ces vers en forme de prose, et tout lecteur intelligent, afin de faire bien sentir l'importance des mots *je vive, tombe, tombaient, à vivre*, s'arrêtera un instant, comme pour suspendre sur la tête de ceux qui l'écoutent le mot qui entraîne avec lui toute la portée de la phrase, ou pour mieux marquer l'effet d'harmonie cherché. Ces exemples, par le repos réel, rentrent donc, en la confirmant, dans la règle générale que nous avons formulée.

---

# DE LA RIME

> Veux-je soutenir que mieux vault rymer sure contre nature, pour garder bon sens et bon propos que superstitieusement s'arrester à la riche ryme pour mettre un mot impertinent ou moins propre.
>
> (SIBILET.)

La rime est le retour du même son à la fin de deux ou de plusieurs vers; on a rimé les vers parce que les consonnances sont agréables à l'oreille, comme le démontre ce fait que tous les peuples ont des vers rimés; puis, parce que la consonnance, attirant l'attention, est un moyen de rappeler au lecteur, de ne pas lui laisser perdre de vue la cadence particulière que le poëte a cru devoir adopter, moyen nécessaire aux langues non prosodiques; aussi, tandis que d'autres idiomes ont des pièces rhythmées et non rimées, la langue française exige la rime, celle-ci étant, avec les césures, le seul moyen que nous puissions employer pour marquer la mesure de nos vers.

La rime est un moyen d'harmonie parce qu'elle établit un rapport entre les vers, éléments de périodes musicales, entre les membres des périodes et enfin entre les périodes elles-mêmes.

Lorsque du Créateur la parole féconde...

Voilà un vers : la cadence et la mesure suffisent à le constituer; faites-le suivre de celui-ci :

Dans une heure fatale eut enfanté le monde.

Ces deux vers ont chacun une existence propre par la cadence; c'est la rime qui, par son intervention, établit entre eux un rapport spécial, les lie l'un à l'autre, en fait un membre de période.

Prenons maintenant deux membres complets.

Lorsque du Créateur la parole féconde
Dans une heure fatale eut enfanté le monde
Des germes du chaos,
De son œuvre imparfaite il détourna sa face,
Et d'un pied dédaigneux, le lançant dans l'espace,
Rentra dans son repos.

Lisez les cinq premiers vers et arrêtez-vous; vous n'avez là qu'une phrase irrégulière; ajoutez le dernier, tout s'illumine en quelque sorte; grâce à la correspondance de mesure des vers, mais grâce surtout à la rime, un rapport net, bien accusé, s'établit entre les deux tercets, membres de la période.

Ajoutez un second sixain (période complète) à celui déjà cité, un rapport harmonique s'établit entre eux, dû surtout au genre et à la disposition des rimes.

La rime a été soumise à un grand nombre de règles que nous allons passer rapidement en revue.

Règle générale : « La rime est essentiellement faite pour l'oreille seule. »

La rime est pour l'oreille et non pas pour les yeux.

Nous verrons plus loin que ce principe admis de tous est contredit par des règles de détail. Quand on pose un principe général, on indique par là que c'est de lui que doivent découler toutes les règles, à lui qu'elles doivent toutes se rapporter. Ou le principe est bon : les règles secondaires ne doivent pas être en opposition avec lui, sous peine de contradiction, par conséquent d'absurdité : ou il est mauvais, il faut le changer. Nous y reviendrons en discutant les règles restrictives.

« Un mot ne peut rimer avec lui-même. Un substantif ne peut rimer avec son verbe. Un mot ne peut rimer avec son composé. »

A chercher la raison de ces règles, nous trouverons

qu'elles ont pour but d'éviter la répétition d'idées du même genre, et surtout, considérant la règle générale, nous y verrons un motif d'euphonie.

Quand deux mots ayant la même origine sont restés presque semblables l'un à l'autre, il faut éviter de les faire rimer ensemble, parce qu'ils riment trop richement, et que la rime trop riche affecte désagréablement l'oreille : *fortune*, *infortune; justice*, *injustice*.

Les versificateurs qui, sous prétexte de forme, cherchent la rime très-riche, crieront sans doute au sacrilége en entendant émettre cette opinion que la rime trop riche affecte désagréablement l'oreille; nous ne sommes pourtant pas seul à penser ainsi; et si, ce qui, après tout, est possible, c'est faute d'une délicatesse d'oreille suffisante que des consonnances trop prolongées nous blessent, bien d'autres sont affligés de la même infirmité : Chacun, dit Voltaire, a l'oreille faite comme il peut.

« La rime de deux syllabes serait fatigante, si on la prodiguait. » (QUICHERAT.)

Car tu n'es même plus bacchante et courtisane,
Il te fallait aussi brunir tes blanches mains,
Et ce siècle de fer t'a rendue artisane,
Mais telle qu'il t'a faite, errant par les chemins,
. . . . . . . . . . . . . . . .
Tournant de ce côté mes yeux en diligence,
Je vis à l'horizon ce groupe essentiel,
Courbet qui remontait dans une diligence.

TH. DE BANVILLE.

Ces vers ne sauraient plaire et la rime trop riche est pour beaucoup dans ce résultat. Nous reviendrons sur cette richesse exagérée de la rime.

Il nous paraît donc que la règle citée aurait dû être formulée tout autrement et qu'il eût été plus rationnel de dire :

La trop grande richesse de la rime est désagréable à l'oreille; par conséquent, lorsque deux mots appartenant à la même racine sont restés presque semblables, et que la consonnance porte sur plusieurs syllabes, ils ne doivent pas rimer ensemble.

On éviterait ainsi de transformer ce qui n'est qu'une conséquence en un principe qui, poussé à l'extrême, donne pour résultat la prohibition de rimes telles que *jours* et *toujours; bonheur* et *malheur*, prohibition ridicule.

Le fait que nous discutons ici est tellement vrai, que non-seulement la rime par deux syllabes, mais l'identité exacte du son, quand elle est continue, suffit parfois à rendre désagréables des rimes même non riches. En voici la preuve :

> Devant l'Océan vert, plein de biens et de maux,
> Qui gémit et qui pleure avec d'étranges mots,
> Les yeux épouvantés de ce spectacle grave,
> Où par des chocs géants, le doigt de Dieu se grave.
>
> TH. DE BANVILLE.

Voilà des rimes par une seule syllabe; à part la puérilité d'une semblable recherche, la trop grande conformité du son des rimes les rend insupportables à l'oreille.

« Les finales *é*, *er*, *ée*, doivent rimer de la consonne qui les précède, c'est-à-dire de toute l'articulation : *bonté* ne rime pas avec *donné*. » — Pourquoi ?

La rime, dit le principe général, est faite pour l'oreille. Or, ce qui frappe surtout l'oreille, c'est le son, la voyelle ; et toutes les fois que les voyelles accentuées terminant deux vers ont exactement le même son, la rime est suffisante ; la consonne qui précède la voyelle s'en détache en quelque sorte, en ce sens qu'elle n'en change nullement le son précis ; il n'est pas nécessaire qu'elle soit la même dans les deux vers ; au contraire la consonne articulée qui suit le son fait corps avec lui, souvent le modifie, et ne peut être différente dans un vers de celle que présente le vers précédent. Aussi n'accepterions-nous pas la rime assonnante par laquelle, sans avoir égard à ce qui suit la voyelle, on ferait, comme dans certaines langues, rimer *étude* et *figure*, *martyre* et *estime ;* mais nous admettrions comme rimant ensemble *bonté* et *donné*, ou comme le dit Musset, en se moquant de cette règle, *idée* et *fâchée*.

Et quoiqu'il fît rimer idée avec fâchée,
On le lisait . . . . . . . . . .

Le même poëte, non content de prodiguer ces rimes dans ses œuvres, a plusieurs fois exprimé son opinion et vertement attaqué les chercheurs de rimes millionnaires.

Vous trouverez, mon cher, mes rimes bien mauvaises.,
Quant à ces choses-là, je suis un réformé.
Je n'ai plus de système et j'aime mieux mes aises;
Mais j'ai toujours trouvé honteux de cheviller;
Je vois à quelques-uns, dans ce genre d'escrime,
Des rapports trop exacts avec un menuisier.

Il est incontestable que cette dernière rime, suffisante cependant, est loin d'être riche.

Gloire aux auteurs nouveaux qui veulent à la rime
Une lettre de plus qu'il n'en fallait jadis!
Bravo! c'est un bon clou de plus à la pensée;
La vieille liberté par Voltaire laissée
Etait bonne autrefois, pour les petits esprits.

Avec lui nous admettrons donc que pour les mots terminés par une voyelle sonore accentuée quelconque, *a*, *e*, *i*, *u*, *eu*, etc., la rime est suffisante sans l'aide de l'articulation qui précède.

---

Puisque nous sommes sur ce terrain, faisons justice d'une inconséquence. Quand le mot qui termine un vers est un monosyllabe, il est permis de rimer de la voyelle sonore seulement. Pour telle rime la même licence est accordée, parce que la consonnance est rare ; pour telle autre au contraire (*té*) la rime de l'articulation est absolument exigée, parce que cette finale est très-commune.

Le juge suprême de la rime est, dit-on, l'oreille. Que viennent donc faire ici des raisons de rareté, ou d'abondance ? — Qu'importe à l'oreille que cette rime soit commune ou non ? — Change-t-elle de sensibilité avec la plus ou moins grande quantité de rimes existant dans la langue ? — Si l'oreille est satisfaite dans un cas, elle doit l'être dans le cas semblable; aussi proteste-t-elle avec la logique contre qui veut que *Noé* rime avec *bonté* et *donné*, tout en interdisant à ces deux mots de rimer ensemble. En ceci comme en tout autre chose, la vérité est incontestable de cet axiôme mathématique : « Deux quantités égales à une troisième sont égales entre elles. »

Tous les autres peuples pratiquent ces rimes.

A accepter des raisons de rareté, nous ne voyons pas pourquoi on ne ferait pas rimer *peuple* avec *triomphe*, sous prétexte que ces mots n'ont dans la langue française aucun autre mot consonnant.

Presque tous les auteurs se sont permis des rimes de la voyelle seule; ils les considéraient donc comme suffisantes. Suit-il de là qu'il ne vaille pas mieux rimer de l'articulation? — Non. Mais comme le poëte ne saurait avoir trop de liberté dans l'expression mécanique de sa pensée, il convient de lui laisser le droit de faire tout ce que permet l'oreille, seul juge en ceci ; de faire par conséquent rimer seule une voyelle finale d'un son plein.

Son miroir lui disait : Prenez vite un mari.
Je ne sais quel désir le lui disait aussi.
. . . . . . . . . . . . . . . . . . .
Et je sais que de moi tu médis l'an passé.
Comment l'aurais-je fait si je n'étais pas né?

LA FONTAINE.

. . . . . Vos maux dont on vous saura gré
Feront horreur à tous, à quelques-uns pitié.
. . . . . . . . . . . . . . . . . . . . . .
Où le colon grillé gouverne en liberté
Les noirs et son tabac par les lois prohibé.

MUSSET.

Platon tous les matins, quand revit le ciel bleu
Lisait les vers d'Homère, et moi les fleurs de Dieu.

V. HUGO.

Musset fait rimer *é* avec *ié ;* ce qui, pour l'oreille, est absolument la même chose que faire rimer *eu* avec *ieu*.

Voici bien deux mille ans que l'on saigne l'agneau ;
Il est mort à la fin, et sa gorge épuisée
N'a plus assez de sang pour teindre le couteau.
Le Dieu ne viendra pas. L'Eglise est renversée.

TH. GAUTIER.

Alors il parlera.
Quoi! tu veux le forcer à s'expliquer. — Oui-dà.

EM. AUGIER.

9.

Quand je retourne au moulin délaissé
Mon pauvre cœur est un violon brisé.

ARS. HOUSSAYE.

Et que l'archet frémit, tout l'univers créé
Vient rafraîchir sa lèvre à ce torrent sacré.

TH. DE BANVILLE.

On le voit, les Crésus de la rime eux-mêmes ont accepté ces rimes, et, bien qu'elles soient fort rares dans leurs œuvres, sauf pour les terminaisons en *eu* et en *au*, un seul fait suffit pour apposer leur signature au bas de l'acte qui constate la légitimité de la rime par une seule voyelle sonore, suivie ou non de lettres muettes.

---

La finale *ment* veut une finale semblable ; *tourment*, *clément*, *longuement*, *charmant*.

« La Harpe blâme vent et brûlant, étincelant et vent. » (QUICHERAT.)

Malherbe allait plus loin encore.

« Il reprenait Racan de rimer indifféremment à toutes les terminaisons en *ant* ou en *ent;* comme *innocence*, *puissance ; apparent* et *conquérant; grand* et *prend.* » (*Vie de Malherbe, par* RACAN).

Nous ne pourrions que répéter ce que nous venons

de dire, d'autant plus qu'il y a ici consonnance non-seulement de la voyelle, mais encore de l'articulation nasale qui suit le son et l'appuie. Aussi rien n'est plus commun que la violation de cette règle.

Comme j'en étais là de mon raisonnement,
Enfoncé jusqu'au cou dans cette rêverie,
Une bonne passa qui tenait un enfant.
Je crus m'apercevoir que le pauvre innocent
Avait, dans ses yeux bleus, quelque mélancolie.

A. DE MUSSET.

Dans ces vers, la règle est violée, et pour la rime en *ie* et pour la rime en *ant;* d'après notre versification, d'après surtout les poëtes de la nouvelle école, ces vers ne sont pas rimés ; ou notre oreille est bien fausse, ou ils le sont, et, malgré cette rime juste suffisante, nous avouons qu'ils ont pour nous autant de charme et beaucoup plus d'harmonie que les vers si richement rimés de M. de Banville que nous avons cités plus haut.

La mère est là ; pour faire, au nom du Dieu vivant,
Du hochet une aumône, un ange de l'enfant,
Il ne lui faut qu'un doux sourire.

V. HUGO.

Aimons-nous follement,
La science de vivre,
Est de mourir doucement
Sur ton sein chaste et blanc.

ARS. HOUSSAYE.

La finale nasale *ant* ou *ent* peut donc, à notre avis, rimer avec elle-même, quelle que soit l'articulation qui précède, quelles que soient les muettes qui suivent. D'où *tourment* rime avec *vent*, *flanc*, *enfant*, *Satan*, etc.

---

« La finale *ion* ne rime qu'avec elle-même. *Passion* rime bien avec *action*, mais rime mal avec *raison*. »

Cette règle et celle qui exige la diérèse de la finale *ion* sont contradictoires.

Si vous diérésez la terminaison *ion*, ainsi que cela est prescrit, par exemple, pour *passi-on*, vous admettez par là que *on* forme une syllabe à part, un son parfaitement détaché de l'*i* qui précède; dès lors il devient absurde d'empêcher une syllabe pleine, entière, de rimer avec elle-même; pour avoir le droit d'empêcher *passi-on* de rimer avec *Panthé-on*, il faudrait synéréser le premier et considérer, ce que l'oreille pourrait admettre, que *ion* est une seule syllabe représentant un son particulier qui ne peut rimer avec *on* ni avec *i-on*, mais seulement avec lui-même; ainsi *pas-sion* rimerait avec *ac-tion*, mais pas plus avec *septentri-on* qu'avec *Panthé-on*, tandis que dans ces derniers mots le son *on* étant nettement détaché du précédent, la rime serait possible entre eux. Pour nous, dans les bivocales dont la dominante est I, cette voyelle n'étant qu'un son transitoire trop faible pour exister par lui-même et pouvant être, sous le rapport de la valeur, assimilée à une articulation sans influence sur la voyelle qui suit, nous admettrions comme rimes *passion* et *raison*, de même que nous avons admis *bonté* et *pitié*, et toutes les rimes analogues : *Dieu, feu, cieux, heureux*.

---

« Le singulier ne rime pas avec le pluriel dans les noms, dans les adjectifs ou dans les verbes ; ni la seconde personne des verbes avec un autre mot qui ne prend pas d'*s* à la fin.

» En général, un mot sans *s* finale ne rime pas avec un mot terminé par un *s*, un *z* ou un *x*.

» Le *t*, le *d*, le *c*, ou autres lettres placées à la fin d'un mot, empêchent la rime avec un mot qui n'aurait pas une de ces lettres, bien qu'elles ne se prononcent *absolument* point. » (QUICHERAT.)

Toutes ces règles peuvent se résumer ainsi : quand un mot présente à sa terminaison une consonne muette, absolument muette, et qui, par conséquent, n'en modifie le son en rien, il ne peut rimer qu'avec un mot dans lequel se trouve cette même consonne ou une équivalente non moins nulle.

Reportons-nous maintenant au principe fondamental. — La rime est faite pour l'oreille. — Evidemment la règle que nous venons de formuler est contradictoire du principe. Qu'importe en effet à l'oreille la présence, écrite seulement, d'une ou de plusieurs muettes, c'est-à-dire nulles, n'existant pas pour elle? — Quelle peut être l'influence d'une chose qui n'existe pas? — En vérité, il est difficile de ne pas se rappeler ce problème posé par Rabelais et que nous citons de mémoire : « Une chimère bombinant dans le vide peut-elle découvrir les causes secondes? »

Les règles sont contradictoires du principe général; or deux choses contradictoires ne peuvent exister simultanément et le principe est immuable; les règles doivent donc disparaître.

Presque tous les auteurs modernes ont violé ces règles pour ce qui a trait aux lettres muettes autres que les sifflantes.

Qui plie et tremble comme un jonc,
Du haut clocher au grand donjon.

V. HUGO.

Un pas retentissant fait tressaillir la nuit;
C'est toi, maigre Rolla, que viens-tu faire ici?

A. DE MUSSET.

L'âge viril commence à l'âge quel qu'il soit,
Où l'on ne peut compter sur d'autres que sur soi.
. . . . . . . . . . . . . . . . .
Votre salut...
Voi i la chose enfin, sans détour superflu.

. AUGIER.

Et fit dans le château surgir, on ne sait d'où,
Les mannequins vivants balayés le dix août.

HÉG. MOREAU.

Ton menton a le fini
D'un œuf posé dans son nid.

P. DUPONT.

Quel que soit le raisonnement qui a poussé nos poëtes à faire ainsi, il était applicable aux sifflantes muettes; et cependant, fait bizarre, si la vue des choses humaines ne nous habituait à toutes les inconséquences, la règle qui a trait aux terminaisons suivies de sifflantes muettes a seule été presque toujours respectée, encore que ces lettres soient le plus souvent tout aussi muettes que les autres.

Pour suivre cette loi, les poëtes aiment mieux en violer dix autres plus importantes; ils suppriment à la fin d'un mot, à l'exemple des anciens auteurs, l'*s* exigée par l'orthographe, comme si cette suppression, sensible à l'œil seul, pouvait avoir une influence sur l'oreille qui, dans les deux cas, perçoit exactement le même son.

Voici des suppressions d'*s* à la première personne des verbes.

Je me souvien
D'avoir eu pour ami, dans mon enfance, un chien.

LAMARTINE.

Comme si, se mirant au livre où je te voi,
Ce doux songeur ravi lisait derrière moi.

V. Hugo.

Pourquoi faire ceci? — Parce que les anciens l'ont fait. Nos auteurs méritent certes qu'on leur applique cette phrase un peu dure de mademoiselle de Gournay:

« N'est merveille aucune que les autres poëtes ayent fait impertinemment le sault de mouton après eux, n'osant choquer leur usage, ou le prenant pour reigle, *sans considérer la cause.* »

Corneille, et même ses successeurs, avaient, jusqu'à un certain point, le droit de faire ainsi; il n'y avait pas bien longtemps que la présence de l'*s* à la première personne du singulier avait cessé d'être considérée comme une licence; la règle qui y prescrivait la présence de cette lettre était de fraîche date, presque mal établie encore; ces auteurs ne faisaient que recourir à une orthographe un peu vieille, et, à tout prendre, rationnelle; mais, aujourd'hui, la situation n'est plus la même: la règle existe, fixe depuis longtemps; la violer en supprimant l'*s*, c'est commettre un bel et bon solécisme. Ne vaut-il pas mieux écrire l'*s* et légitimer ces rimes?

D'autres fois, le respect pour cette règle amène d'autres violations de la grammaire ou force un auteur à torturer sa phrase.

Cette fuite du monde et ce besoin d'eux-*même*,
Cette joie à nommer vingt fois le nom qu'on aime.

. . . . . . . . . . . . . . . . . . . . . . .

Il me montre des tas de mousses et de *feuille*
Que pour tapisser l'antre, avant l'hiver, il cueille.

. . . . . . . . . . . . . . . . . . . . . . .

O Dieu que la source est immense,
D'où coule tant de vie, où rentrent tant de morts!
Que perçant l'œil qui porte à *de telle distance !*

LAMARTINE.

D'autres fois enfin la gêne est telle que l'on se demande comment, devant l'anéantissement de son idée, le poëte a pu respecter la règle :

Et parfumons ses mains divines,
Comme sur un seul jet, deux lys qui n'en font qu'un,
Qui n'ont, dans le rocher, que les mêmes racines,
Et qu'on cueille à la fois sur les mêmes collines,
Tout remplis du même parfum.

LAMARTINE.

Comment peut-on cueillir à la fois sur deux collines, ce qu'entraîne le pluriel, deux lis qui n'ont qu'une tige? — Combien l'auteur n'eût-il pas mieux fait d'écrire : « sur la même colline! »

Le mot *pui*, dans les deux vers suivants, constitue un véritable barbarisme :

Il fit signe à Cédar, en lui montrant le pui [1],
De les faire descendre et boire devant lui.

LAMARTINE.

[1] *Sic.* — *Chute d'un ange.* — 4e vision.

C'est à peine si, de loin en loin, on peut recueillir quelques exemples de la violation franche de cette règle.

Commençons; je vous laisse obscurcir mes rayons.
Il n'en fallut pas plus. Notre souffleur à gage
Se gorge de vapeurs, s'enfle comme un ballon.

LA FONTAINE.

Leur sotte vanité croit ne pouvoir trop haut
A des faveurs de cour mettre un injuste taux.
. . . . . . . . . . . . . . . . . . . .
Mais le dédit pourrait traverser nos desseins;
Son oncle, sur ce point, nous prêtera la main.

REGNARD.

Y décider en chef et faire du fracas
A tous les beaux endroits qui méritent des ah.

MOLIÈRE.

Hamlet tuera Claudius; — Joad tuera Mathan;
Qu'importe le combat, si l'éclair de l'épée
Peut nous servir dans l'ombre à voir les combattants?
. . . . . . . . . . . . . . . . . . . .
— C'est un bon petit dieu que le dieu Michapous;
Qu'ils servent Pimpocau, Mahomet ou Vichnou.
. . . . . . . . . . . . . . . . . . . .
Quatre grands lévriers chassèrent du tapis
Ton chat qui de tout temps sur ton coussin tapi...

A. DE MUSSET.

Le blâme ingrat, la haine aux fureurs coutumières;
Oui, tomber dans la nuit, quand c'est pour la lumière.

V. HUGO.

Ainsi je vis en ermite
Dans mon gîte,
D'eau, de parfums, de chansons,
Et la nuit je dis ton nom,
Marguerite.

BRIZEUX.

Les romances présentent assez souvent cette faute, si faute il y a ; le peuple, lui, qui n'a pour guide que son oreille, ne se trompe pas sur la valeur de ces rimes :

Qui se ferait cantinière ?
Qui porterait le bidon ?
C'est la mère, c'est la mère,
La mère des compagnons.

---

Feu Emile Debreaux, dit M. Quicherat, a écrit : « Si nous ne craignions d'être traités d'innovateurs brouillons, nous dirions presque que les couplets suivants nous paraissent bien rimés :

Plus d'un aveugle au sommet du Parnasse
Fit retentir de sublimes accords.
On peut citer, parmi ceux qui s'y placent,
Milton, Homère, et bien d'autres encor.
Que font aux sourds les accents que soupirent
Les favoris des immortelles sœurs ?
Juge éclairé des enfants de la lyre,
L'oreille seule en connaît la valeur.

« Il est difficile, ajoute M. Quicherat, de faire avec plus d'esprit une critique plus fondée. »

C'est vrai; mais loin de conclure comme l'auteur du *Traité de Versification française :*

« Une pareille réforme, lorsque notre poésie a produit ses chefs-d'œuvre, ne paraît pas désirable. »

Nous qui pensons que notre poésie a encore des chefs-d'œuvre à produire et que toute réforme juste est désirable, dût-on nous traiter d'innovateurs brouillons, nous donnerons, comme conclusion générale, cette règle :

La rime étant faite pour l'oreille, toutes les fois que celle-ci sera satisfaite, la rime sera suffisante, quelle que soit l'articulation qui précède la partie sonore de la rime, quels que soient le nombre et la nature des consonnes muettes qui la suivent.

Cette loi générale nous dispense de continuer l'étude des règles de détail; elle embrasse tous les cas.

---

Mais, avant d'abandonner ce sujet, quelque partisan que nous soyons de la plus grande liberté possible, rappelons, d'accord en ceci avec tous les auteurs, qu'il convient de proscrire absolument des rimes légitimes autrefois, mais stigmatisées déjà il y a deux cents ans sous le nom de rimes normandes, telles que *aimer* avec *amer*, rimes qu'on est étonné de rencontrer encore très-fréquemment.

Le ciel était profond et pur comme une mer,
Et dans ses profondeurs on voyait s'allumer. .
. . . . . . . . . . . . . . . . . . .
On lisait sur sa lèvre un sourire âpre et fier,
Et son geste en parlant semblait les défier.

LAMARTINE.

Que j'ai pu blasphémer,
Et vous jeter mes cris, comme un enfant qui jette
Une pierre à la mer.
. . . . . . . . . . . . . . . . . . . . . .
Pour l'erreur, éclairer, c'est apostasier;
Aujourd'hui ne naît pas impunément d'hier.

V. HUGO.

Les poëtes qui font rimer *amer* avec *aimer* et avec *fer* n'oseraient faire rimer ensemble ces deux mots et se condamnent ainsi eux-mêmes. C'est la règle principe, c'est l'oreille qui proteste contre ces rimes; elles sont absolument inacceptables.

# DE LA RICHESSE DE LA RIME

—

> Mon advis est qu'on la prise et l'observe; pourvu qu'on sçache qu'il y faut garder religion, et non superstition. (Mlle de Gournay.)

On peut distinguer trois degrés de rimes : la rime suffisante, la rime riche et la rime trop riche; on en pourrait même admettre un quatrième : la rime ridicule.

Rimes suffisantes : *diligence* et *outrance; propriété* et *donné; monotone* et *donne*.

Rimes riches : *diligence* et *agence; prospérité* et *bonté; monotone* et *Latone*.

Rimes trop riches : *diligence* et *exigence; prospérité* et *parité; monotone* et *automne*.

Rimes ridicules : *diligence* et *diligence; prospérité* et *aspérité; monotone* et *mon automne*.

Les romantiques et surtout (les élèves exagèrent toujours ce que fait le maître, sans voir qu'une qualité exagérée devient un défaut), et surtout, disons-nous, leurs élèves, recherchent avec soin la rime aussi riche que possible : pour eux elle n'est pas tout en poésie, mais bien peu s'en faut.

Si les auteurs du grand siècle demandaient la rime de l'articulation, s'ils ne fuyaient pas la rime par deux syllabes, à coup sûr ils se seraient bien gardés de chercher cette dernière, et auraient évité, comme un défaut, des rimes semblables à celles que nous avons citées comme rimes ridicules, rimes au plus haut degré choquantes pour l'oreille.

Victor Hugo présente ce fait remarquable que sa rime est toujours riche, c'est-à-dire comprend l'articulation de la dernière syllabe, mais qu'elle embrasse rarement deux syllabes, et très-rarement l'articulation de la pénultième. Ce poëte a compris, en ceci du moins, l'avantage du juste milieu; mais tous ne font pas ainsi; sous prétexte de soigner la forme, mot qu'ils ne semblent guère comprendre, certains poëtes se rendent parfois impossibles à lire.

« Le poëte est alors un mauvais mécanicien qui fait entendre le bruit choquant de ses poulies et de ses cordes. » (VOLTAIRE.)

On en vient ainsi à retomber dans les absurdes

rimes équivoques de la fin du XV^e siècles. A des rimes de Guillaume Crétin, citées par M. Quicherat, comparons-en certaines de M. Th. de Banville, un homme de talent qui pourrait certes être beaucoup plus poëte, il l'a prouvé, s'il consentait à être moins versificateur :

L'autre un tambour, l'autre une cornemuse,
Celuy n'y a qui en son cor ne muse ;
Quoique leur chant ne rende méchant son,
Ce nonobstant, Pan dessus met chanson.

CRÉTIN.

Pilou poursuit Abd-el-Kader ;
A ce plan le public adhère ;
Dans tout ce que l'Afrique a d'air,
Pilou poursuit Abd-el-Kader ;
Il voudrait le barricader,
Pour que cet aigle manquât d'aire.

TH. DE BANVILLE.

Voilà où la poursuite de la rime très-riche peut pousser un poëte, et, en disant rime riche, nous nous trompons; même à ce point de vue, il y a contradiction dans la manière de faire de l'auteur.

On ne peut, dit le proverbe, servir deux maîtres à la fois; à rimer, il faut choisir entre l'œil et l'oreille et servir fidèlement l'un des deux. Dans le triolet que nous venons de citer, *barricader* ne rime avec *l'Afrique a d'air* ni pour l'œil ni pour l'oreille; ce n'était guère la peine de torturer son esprit pour arriver à un semblable résultat.

« Certes, quand les poëtes tiroient la ryme et les mots après la chose, ce n'est merveille si le poësme prenoit une toute autre volée que quand ils font au contraire. Au lieu d'appliquer la ryme au poësme, ils appliquent le poësme à la ryme. » (M^lle DE GOURNAY.)

---

Maintenant que nous connaissons l'opinion des romantiques sur ces trois points : césure, enjambement, rime, constatons d'abord que chercher la rime riche à la fin du vers et accepter l'enjambement sont choses contradictoires ; la rime, en effet, a pour but :

1° De marquer davantage la fin du vers ; par l'enjambement le repos de la fin du vers étant absolument supprimé, la rime est nulle, d'où inutile.

(Remarquons, en passant, que la fin du vers, c'est évidemment la dernière syllabe, accentuée ; chercher la rime trop riche, c'est vouloir marquer la fin avant la fin, ce qui est absurde.)

2° De donner à l'oreille des consonnances ; celles-ci ne peuvent être sensibles que si après chacune d'elles il y a un repos plus ou moins marqué; fait si bien vrai qu'une règle classique défendait que le premier hémistiche (repos) rimât avec la fin du vers (repos) et permettait, dans toute autre place que la sixième syllabe, la consonnance de la rime, consonnance dans ce cas insensible et partant comme supprimée par la seule absence après elle du repos musical.

Ceci dit, voyons, poésie à part, bien entendu, quel résultat donnent, au point de vue de l'harmonie, la suppression de la césure, la pratique de l'enjambement et la richesse de la rime; prenons des passages d'un maître.

« Ainsi vous parliez, voix, grandes voix solennelles; et Virgile écoutait comme j'écoute, et l'eau voyait passer le cygne auguste, et le bouleau le vent, et le rocher l'écume, et le ciel sombre l'homme..... O nature! abîme! immensité de l'ombre! » . . . .
. . . . . . . . . . . . . . . . .

« Comment vous nommez-vous? Il me dit : Je me nomme le Pauvre. Je lui pris la main : — Entrez, brave homme, et je lui fis donner une jatte de lait. Le vieillard grelottait de froid; il me parlait et je lui répondais, pensif et sans l'entendre. Vos habits sont mouillés, dis-je, il faut les étendre devant la cheminée; il s'approcha du feu. » (V. Hugo.)

Que ceci soit de la poésie, là n'est pas la question : mais c'est le cas de répéter avec le poète lui-même :

Ça ! des vers !

Ma foi ! non. La rime a beau être riche, qu'elle s'enrichisse encore, elle sera impuissante à se faire sentir, tant qu'un repos, si léger soit-il, ne viendra pas l'appuyer : elle ne peut à elle seule constituer une harmonie, pas plus qu'une même note revenant régulièrement dans un fouillis de notes que le musicien aurait jetées au hasard, sans nul souci des autres règles de l'art.

Aussi, quand nous relisons, en les comparant, les œuvres d'Alfred de Musset et celles de plusieurs auteurs connus par la richesse de leur rime, la valeur du fond mise à part, nous sommes forcés de reconnaître qu'avec sa rime, le plus souvent à peine suffisante, il est infiniment plus agréable à lire, plus harmonieux, plus musical que ceux-là mêmes qui l'ont accusé d'une grande négligence de la forme.

Outre la sensation pénible que produit sur l'oreille une rime continuellement trop riche, quand un repos permet de la sentir, il est facile de constater que le versificateur est, par cette recherche, beaucoup plus gêné dans l'expression de la pensée ; cette gêne se montre dans ce qu'il écrit, et rien n'est plus énervant, plus pénible pour le lecteur, que de sentir combien l'auteur a eu de peine à mouler son vers, et de voir partout la trace de la lime et du marteau.

Musset avait-il le travail facile?

« Pour exprimer sa pensée, quelle qu'elle soit, quand ce ne serait que pour la rime, il faut que le poëte travaille longtemps. » (A. DE MUSSET.)

Et cependant, ce qui fait en partie sa supériorité sur la plupart des poëtes contemporains, c'est la facilité avec laquelle on le lit, si bien qu'à ne savoir pas par expérience combien il faut parfois de travail pour rendre un vers facile, on admettrait sans peine qu'il écrivait ses poésies au courant de la plume.

Comme La Fontaine, cet autre grand négligé, Musset a des chances d'immortalité qu'espérerait en vain tel ou tel fin ciseleur de rimes.

Pour conclusion générale, disons que le poëte doit accepter la rime suffisante, telle que nous l'avons indiquée, préférer la rime riche, c'est-à-dire de l'articulation, et fuir une rime plus riche.

---

# DE L'HIATUS

Je fais une grande différence entre le concours des voyelles et le heurtement des voyelles. (VOLTAIRE.)

L'hiatus est quelquefois doux, il est souvent agréable. (MARMONTEL.)

L'hiatus consiste en la rencontre, dans le courant du vers, de deux voyelles, l'une terminant, l'autre commençant un mot : *eau azurée; bonté excessive;* cette rencontre produit un bâillement, *hiatus* en latin.

Règle unique : l'hiatus est interdit.

Jusqu'à Malherbe, l'hiatus était permis.

Tost est passé ung plaisir soulageux,
Tard est rendu argent qui est presté.

CH. D'ORLÉANS.

Mais où est le preux Charlemagne?
. . . . . . . . . . . . . . . . . . . .
Laissons le moustier où il est.

VILLON.

Et toi, Thenot, qui à plorer t'es mys.

CL. MAROT.

Et quoy, ma lèvre est-elle si amère?
. . . . . . . . . . . . . . . . . . . .
Et t'en rapporterai avecques un pinson.

RONSARD.

Le premier, Malherbe émit la règle prohibitive contre laquelle protestait Mathurin Regnier, son contemporain, par ces vers où il le désigne :

Cependant leur sçavoir ne s'estend seulement
Qu'à regratter un mot douteux au jugement,
Prendre garde qu'un qui ne heurte une diphthongue.

Malherbe lui-même s'est permis des hiatus; ce n'est qu'après lui que la règle devint rigide.

Il demeure en danger que l'âme qui est née
Pour ne mourir jamais, meure éternellement;
. . . . . . . . . . . . . . . . . . . .
Car l'âme qui lui est transmise
Félonne ne doit pas fuir.

MALHERBE.

Les romantiques ont accepté la règle classique de

l'hiatus, et en ceci ils sont une fois de plus tombés dans l'absurde : — Les classiques considéraient comme hiatus la rencontre de deux voyelles dans le courant du vers, mais n'avaient nul souci de la juxtaposition qui pouvait se produire de la fin d'un vers au commencement du suivant; c'est que, par la proscription absolue de l'enjambement, ils assuraient à la fin du vers un repos suffisant pour rendre un heurtement impossible.

Les romantiques acceptant d'une part l'enjambement, de l'autre cette opinion que la rencontre de deux voyelles produit un bâillement, auraient dû, pour être conséquents, ajouter cette règle :

« Sera considérée comme hiatus la rencontre de deux voyelles placées l'une à la fin d'un vers, l'autre au commencement du vers suivant. »

Mais ils n'avaient guère souci d'être conséquents; aussi trouve-t-on dans leurs œuvres des vers comme ceux-ci :

Il voulait le néant et n'aurait rien gagné
A la suppression de l'enfer.

Th. Gautier.

Si j'abusais par trop des oublis de la loi
Envers les rimailleurs.

Th. de Banville.

Il y a là de vrais hiatus.

La règle est incontestée par les deux camps ennemis : — l'accepterons-nous?

Est-il vrai que la rencontre de deux voyelles soit toujours désagréable à l'oreille?

Non, disent nos vieux poëtes qui ne s'en inquiétaient pas.

Non, dit Ronsard :

« J'avais pensé que les mots finissant par voyelles et diphthongues et rencontrans après un autre vocable commençant par une voyelle ou diphthongue rendoit le vers rude. J'ai appris d'Homère et de Virgile que cela n'estoit point malséant. »

Non, ont dit par leur exemple Molière et Lafontaine.

Non, disent Voltaire et Marmontel que nous avons cités en épigraphes.

Non, dit M. Quicherat, classique qui, après avoir cité plusieurs protestations, ajoute :

« Il me semble que toutes ces objections sont sans réplique..... On a interdit certaines rencontres douces. »

Non, dit M. Sainte-Beuve, romantique.

« S'il est des concours de voyelles qui choquent

et qu'il convenait d'interdire, il en est aussi qui plaisent et qu'il convenait d'épargner. »

Non, dit M. Génin dans ses *Variations du langage français depuis le* XII<sup>e</sup> *siècle*, et nous ne pouvons mieux faire que de lui céder la parole; s'abritant sous le masque d'un ressuscité du vieux temps, il a une verdeur que nous n'oserions nous permettre.

« Vous parlez d'hiatus! quelle hardiesse à vous, quelle impudence de prononcer ce mot! où rencontrer un amas d'hiatus plus choquants que dans votre Molière, votre Boileau, votre Corneille, votre Lafontaine, et votre Racine? j'en rougis pour vous et pour la langue française.

Ce *hé*ros expiré
N'a laissé dans mes bras qu'un corps défiguré.
. . . . . . . . . . . . . . . . . . . .
Où courez-vous ainsi tout pâl*e et h*ors d'haleine?

RACINE.

Jeune et vaillant héros dont l*a h*aute sagesse.
. . . . . . . . . . . . . . . . . . . .
La sibylle à ces mots d*éjà h*ors d'elle-même.
. . . . . . . . . . . . . . . . . . . .
L'innocente équit*é h*onteusement banni.

BOILEAU.

Puisque si *hors* de temps son voyage l'arrête.

MOLIÈRE.

» Et l'hiatus qui se fait d'un vers à l'autre?

Dans un calme profond Darius endormi
*I*gnorait jusqu'au nom d'un si faible ennemi.

RACINE.

» Et l'hiatus dissimulé à l'œil par certaines consonnes qu'il est d'usage de ne pas prononcer dans certains mots?

Je reprends sur le champ le pap*ier et* la plume.

BOILEAU.

Font de dévotion mét*ier et* marchandise.

MOLIÈRE.

Maint cheval*ier er*rant qui rend grâces aux dieux.

LA FONTAINE.

Sur votre prisonn*ier*, huiss*ier*, *ay*ez les yeux.

RACINE.

» Est-ce là des hiatus, oui ou non?. . . . .

. . . . . . . . . . . . . . . . . . . .

» Il y a des hiatus très-doux et très-musicaux : *nation*, *Danaë*, *Simoïs*, *violence*, sont délicieux à l'oreille; nous (les vieux auteurs), n'avons pas été si sots que de les proscrire.

» Vous me direz sans doute que ces hiatus ont lieu dans le corps d'un mot et non pas d'un mot à l'autre. Belle distinction et profonde! — Est-ce que l'intervalle qui sépare les mots sur le papier subsiste pour l'oreille?

. . . . . . . . . Grâce à l'absolutisme d'une règle absurde, votre poëte est dispensé de montrer du tact dans le choix de ses hiatus, admettant celui-ci et repoussant celui-là. — Non; tout hiatus, quel qu'il soit, est banni; votre loi brutale ne souffre point d'exceptions; aussi êtes-vous arrivés à ce beau résultat que vos vers fourmillent d'hiatus, et légitimes, qui pis est. » (Génin.)

Non, répond tout le monde à la question que nous avons posée; certes, nous voilà bien à l'aise pour dire : non, à notre tour.

Pourquoi donc la règle de Malherbe est-elle restée dans son intégrité? — Pourquoi les romantiques qui ont si brutalement démoli des règles rationnelles, ont-ils laissé debout celle-ci contre laquelle tout le monde a protesté? Nous serions bien embarrassés pour trouver à ce fait d'autres motifs que celui-ci : ils ont frappé au hasard; et le hasard les a mal guidés.

Nous qui, dans ce labyrinthe de contradictions, avons pris pour fil d'Ariane l'oreille et la logique, tâchons de distinguer quelles sont les voyelles dont la rencontre est agréable, ou du moins ne blesse pas, celles entre lesquelles il se produit un véritable heurtement.

Nos voyelles sont A, E, I, O, U, OU, EU, qui peuvent se rencontrer elles-mêmes ou entre elles.

Constatons d'abord que les sons *i* et *ou*, nommés par les anciens *sons liquides* ou *liants*, peuvent rencontrer toutes les autres voyelles sans baillement : *lia*, *liége*, *lion*, *reliure*, *chiourme*, *cieux*. — *Loi*, *mouette*, *Louis*, *nouure*, *joueur*.

Quand on dit dans la chanson de Malb'roug :

Il reviendra-z-à Pâques,
Ou à la Trinité :

Les sons *ou* et *a* se lient ensemble; il n'est pas plus désagréable à l'oreille de les trouver ainsi face à face que d'entendre dans un vers : il *noua*, il *loua*.

Dans le premier vers il y a un heurtement réel; aussi une lettre surnuméraire a été interposée de par l'oreille malgré la grammaire.

Lorsqu'on demandait à Malherbe si tel ou tel mot était français; il répondait, dit-on, de consulter les crocheteurs du port au foin : sans vouloir faire de la prononciation populaire un juge suprême, il y aurait peut-être parfois avantage à lui demander conseil;

écoutons les gens du peuple enrichir leurs phrases de lettres euphoniques surajoutées. — Toutes les fois que vous entendez faire une de ces liaisons antigrammaticales, vous aurez grande chance de trouver là un hiatus vrai à éviter.

*Il va-s-à Paris*, ou il *va-t-à Paris; donne-moi-s-en;* c'est que *il va à*, *moi en*... constituent de véritables hiatus, des heurtements insupportables à l'oreille; mais jamais vous n'entendrez dire : *Où-s-allais-tu? — J'y-s-allais.* C'est que *ou a* et *y a* ne blessent nullement l'oreille et ne sont pas des hiatus.

Les sons *i* et *ou* ne causent de bâillement que dans le cas où ils se rencontrent eux-mêmes.

*Fou ou sage; un ami inutile.*

Pour les autres voyelles, consultons les auteurs qui se sont avant nous posé la question.

Ils citent comme très-doux les mots : *Danaé*, *Laïs*, *Phaon*, *Dea*, *Léo*, *Chloé*, *Simoïs*. Nous pouvons y joindre *Creüse, tué*, *séduire*, *tuons*.

Nous constatons ainsi que presque toutes les voyelles peuvent se rencontrer entre elles sans hiatus.

Nous serions conduits à n'accepter comme hiatus vrais que la rencontre des voyelles soit avec elles-mêmes, soit avec les autres précédées d'une *h* aspirée. Dans ce dernier cas, il y a non pas hiatus, bâillement, mais heurtement.

*Il va à Paris. — Il alla hardiment. — L'ami ira.*

— *Un ami hardi.* — *Un drapeau haineux.* — *Tu eus raison.* — *Fou ou sage.* — *Un jeu heureux.*

Il est bien entendu que, pour nous, les consonnes muettes ne sauraient empêcher un hiatus; nous aimerions mieux cent fois écrire dans un vers: *beau ou laid* que *le flot houleux*, *un fou original* que *tout hors de moi.*

Peut-être la rencontre de deux *é* ne devrait-elle pas être considérée comme dure : *J'ai été;* aussi est-ce le seul cas de la juxtaposition de deux voyelles semblables que nous puissions trouver dans le corps de certains mots de la langue française — *créer.*

Supprimer cette interdiction absolue de l'hiatus, ce serait briser l'une des entraves les plus gênantes pour le versificateur.

Nous trouvons à chaque pas dans notre langue des expressions faites que nous ne pouvons changer et qui présentent des concours de voyelles; faut-il priver le poëte de leur emploi? — Nous ne le pensons pas; bien d'autres ont été de cet avis; presque tous les auteurs offrent des exemples de ces hiatus : *Il y a* — *çà et là* — *peu à peu*, etc.

La règle de l'hiatus nous interdit en poésie, où le tutoiement est si fréquent, l'emploi de la seconde personne du singulier des verbes qui reviennent le plus souvent dans le discours: *Etre*, *aller*, *avoir.* —

Nous ne pouvons faire entrer dans un vers : *Tu étais, tu allais, tu avais.* — Y eût-il là des hiatus, et il n'y en a pas, l'habitude n'a-t-elle pas familiarisé notre oreille avec ces expressions ? *Tu es* ne semble-t-il pas former en quelque sorte un seul mot, et, d'ailleurs, n'a-t-il pas exactement le même son que *il tuait*, mot que nous ne trouvons pas dur?

Alfred de Musset, homme de goût et d'oreille, et qui s'est souvent affranchi de mainte entrave, a nargué cette règle dans ces vers :

Ah ! folle que tu es,
Comme je t'aimerais demain, si tu vivais.

Il ajoute, quelques vers plus bas :

J'ai fait un hiatus indigne de pardon,
Je compte là-dessus rédiger une note.

Et, à vrai dire, il n'a guère l'air fâché d'avoir ainsi violé la loi ; — aussi nous fournit-il d'autres citations, même dans une pièce d'un ton sérieux :

Non pas ! — Non ! — Aujourd'hui est à nous, mais demain
Est à Dieu.
. . . . . . . . . . . . . . . . . . .
Oui, oui, tu le savais, qu'au sortir du théâtre
Un soir dans ton linceul il faudrait te coucher.
. . . . . . . . . . . . . . . . . . .
Oui, oui, tu le savais, et que dans cette vie,
Rien n'est bon que d'aimer, n'est vrai que de souffrir.

Les exemples de la violation de la règle de l'hiatus sont excessivement rares dans les autres poëtes.

Iris manque de foi, Iris ne m'aime plus.

Mme DESHOULIÈRES.

Enfant, ce feu de pâtre à une âme mêlé.

V. HUGO.

C'est le cas de le dire, il n'y a que la main.

EM. AUGIER.

Sûrement. — Tant y a que par hasard sans doute.

PONSARD.

Traversé çà et là par de brillants soleils.

CH. BAUDELAIRE.

Concluons donc qu'on a tort d'exclure tous les concours de voyelles; tort d'autant plus grand que d'autres règles, selon l'observation de d'Alembert, de Marmontel, etc., non-seulement autorisent, mais exigent cette rencontre.

« Notre poésie même me paraît ridicule sur ce point; on rejette : J'ai vu mon père immolé à mes yeux, et on admet : J'ai vu ma mère immolée à mes yeux. » (D'ALEMBERT, Paris, 11 mars 1770, à Voltaire.)

Du reste, parmi les poëtes qui observent cette

règle en apparence, il n'y en a pas un qui ne la viole en effet, toutes les fois que l'*E* muet final se trouve entre deux voyelles, car cet *E* muet s'élide, et les sons des deux voyelles se succèdent immédiatement

> Allez donc, et portez cette joie à mon frère.
>
> RACINE.

» Il y a peu d'hiatus aussi rude que celui de ce vers. » (MARMONTEL.)

Tous les rapprochements de voyelles fussent-ils désagréables, nous prendrions encore les règles en flagrant délit d'inconséquence. — Ce fait, de permettre qu'un vers terminé par une voyelle soit suivi d'un autre commençant par une voyelle, ne peut être fondé que sur la présence d'un repos à la fin du premier, repos par lequel les voyelles sont séparées : d'où un repos entre deux voyelles juxtaposées empêche leur heurtement.

Or, si, et ceci doit toujours être admis, les vers sont lus d'une manière convenable, c'est-à-dire en marquant les repos qu'indique le sens, lorsque, entre les deux voyelles qui se suivent, il y aura un point, une virgule, et même, sans signe de ponctuation, un temps d'arrêt quelconque, si léger soit-il, un hiatus sera impossible. — Vous pourrez à plaisir accumuler les successions de voyelles dans un vers sans qu'il en devienne plus dur.

Supposez celui-ci :

Eh bien ! tu l'as voulu..... adieu..... et sois maudit !

Bien lu, ce vers ne peut présenter à l'oreille ni heurtement ni même rencontre de voyelles.

Où donc étaient le bon sens et la logique, le jour où dans la poésie dramatique il fut interdit de faire un vers ainsi :

LUCIUS.

Il viendra.

JUNIE.

Insensé !

LUCIUS.

Où cours-tu?

JUNIE.

A la mort !

Que résulte-t-il pour nous de ce qui précède?

La rencontre de deux voyelles est *quelquefois* désagréable à l'oreille et constitue alors un défaut que le versificateur doit éviter.

La présence, après la première voyelle, d'une ou de plusieurs consonnes muettes, n'empêche pas l'hiatus.

Un repos quelconque entre deux voyelles qui se succèdent empêche absolument l'hiatus.

Il convient de laisser les hiatus à la discrétion du poëte qui, en consultant son oreille, évitera de blesser celle de ses lecteurs. — Ne sait-il pas que, choquante pour l'oreille, son œuvre sera délaissée, et n'a-t-il pas tout intérêt à chasser de ses vers tout ce qui pourrait en détruire la mélodie?

Le vers le mieux rempli, la plus noble pensée,
Ne peut plaire à l'esprit, quand l'oreille est blessée.

BOILEAU.

---

# DE L'ELISION DE L'E MUET

Par ce nom d'*E* muet, on entend l'*E* non accentué.

« On semble avoir confondu, jusqu'à présent, deux choses essentiellement différentes : l'*E* féminin ou demi-sonore après une consonne avec laquelle il forme une syllabe faible, mais très-réelle, *fable, livre, rêve*, et l'*E* muet ou insonore, après une autre voyelle ; cas où il ne fait jamais de syllabe distincte par lui-même, ni au milieu, ni à la fin des mots : *Joue*, *enjouement*, *gaie*, *gaieté*, *j'oublie*, *j'oublierai*. »

(J.-A. Ducondut.)

Après avoir, nous aussi, constaté cette confusion, passons à l'examen des règles de l'élision.

L'*E* féminin terminant un mot et suivi d'un mot

commençant par une voyelle ne compte pour rien dans la mesure du vers; il y a élision. — Cette élision a lieu aussi quand le mot suivant commence par une *h* non aspirée; elle n'a pas lieu si l'*h* est aspirée. — Il en est de même pour l'*E* muet précédé d'une voyelle.

Une grosse charret*te* au coin de ma maison
Se rouil*le;* et devant moi j'ai le vas*te* horizon.
La faim, gou*le* effar*ée* aux hurlements plaintifs,
Maig*re* et féroc*e*, était entr*ée* à pas furtifs.

V. Hugo.

Mais j*e* *h*ais les cagots, les robins et les cuistres.

A. de Musset.

Jusque là, rien que de rationnel, ces règles sont conformes à la prononciation.

L'élision de l'*E* muet qui suit une voyelle sonore à la fin d'un mot est exigée dans le courant du vers : En*vie*, tom*bée*, jou*e*, etc.

« Dans notre ancienne poésie, dit M. Quicherat, cet *e* muet pouvait être suivi d'une consonne; alors il comptait pour une syllabe, ce qui était d'une dureté extrême et altérait sensiblement la bonne prononciation. »

M. Quicherat nous permettra de ne pas accepter cette remarque comme juste; la bonne prononciation pour un auteur est celle de l'époque où il vit; beaucoup de nos anciens poëtes, plus peut-être que bien des modernes, faisaient leurs vers par et pour l'oreille; s'ils comptaient l'*E* (muet aujourd'hui) pour une syllabe, il y a fort à parier que cet *E* était réellement sensible dans leur manière d'accentuer les mots; cette lettre était sonore autrefois, et, dans beaucoup de mots, non-seulement pouvait, mais devait être comptée pour une syllabe distincte. Dans certaines parties du Midi, à Bordeaux notamment, les gens dont une éducation soignée n'a pas corrigé la prononciation, font sentir la présence de l'*E* muet final au moins autant que celle de l'*E* féminin qui compte pour une syllabe; au lieu de dire comme nous : ***Il jou' bien, la vi' est courte***, ils prononcent : ***Il joueu bien, la vieu est courte;*** tout nous porte à croire que, primitivement, la prononciation générale eut quelque chose d'analogue avec cette manière de dire :

Ki sur autre mesdit et ment,
Ne seit mie qu'à l'oil li pent.
. . . . . . . . . . . .
Li reis li dit, par grant amur,
Belle amie, n'eiez pur.

MARIE DE FRANCE.

Plus enflée qu'ung venimeux scarbot.
. . . . . . . . . . . . . . . . . . . . .
Quoiqu'on die d'Italiennes,
Il n'est bon bec que de Paris.

VILLON.

Le beau temps vient après l'orage,
Après maladie, santé.

CL. MAROT.

Comme la nuë pleine
D'orage injurieux.
. . . . . . . . . . . . . . . . . . . .
Ha! longues nuits d'hyver, de ma vie bourrelles!

RONSARD.

De nuës une nuit enveloppe leur front
. . . . . . . . . . . . . . . . . . . . . . .
Puis, fouettant maintes fois d'une queue nerveuse,
Ores ses larges flancs, or la terre poudreuse.

DU BARTAS.

L'E devait si évidemment avoir un son plein dans beaucoup de cas, qu'en remontant assez haut on le trouve non élidé devant une voyelle.

Homme u femme de grant prix.
. . . . . . . . . . . . . . . . . .
Pour sa femme mettre à seur.

MARIE DE FRANCE. — *Lai de Gugemer.*

Dans la vile n'eut chevalier,
Ki de séjur eust mestier,
Qu'il ne face à lui venir.

MARIE DE FRANCE. — *Lai de Lanval.*

Silogisant sans proposicion,
Neuf figure ou n'a conclusion;

Emptimême sans quelque conséquence,
Convertible ou n'a conversion.

. . . . . . . . . . . . . .

J'avais la vue esbluye,
Et ne cessoye de plourer.

. . . . . . . . . . . . . .

Qu'il me souvient de la douce plaisance
Que souloie on dit pays trouver.

CH. D'ORLÉANS.

Mais mon encre estait gelé.

. . . . . . . . . . . . .

Pour boire à plein gobelet.

VILLON.

Pénélope en dépriant les dieux;

. . . . . . . . . . . . . .

Que le monde ensemble d'un plein sault.

J. MAROT.

Comme il est facile de s'en assurer en suivant la série des poëtes, cet E perd peu à peu de sa sonorité; d'abord, comme on vient de le voir, il résiste même devant une voyelle, et ne s'élide pas; plus tard, toujours élidé par la rencontre d'une voyelle, il compte encore pour une syllabe devant une consonne; plus tard encore, l'E précédé d'une voyelle ne compte plus que quand cette voyelle est un Y qui, selon l'ancienne prononciation, pouvait être considéré comme une articulation, une demi-consonne, et donnait à l'E muet la valeur de l'E féminin.

Mais elle bat ses gens et ne les paye point

MOLIÈRE.

Voltaire, cité par M. Quicherat, observe que Corneille a rectifié dans ses œuvres des passages où l'E muet comptait pour une syllabe.

Quoique j'aye pu faire,
Je crois n'avoir rien fait qui puisse vous déplaire,

Et même :

Justifie César et condamne Pompée.

CORNEILLE.

A ces exemples joignons celui-ci :

Anselme, mon mignon, crie-t-elle à toute heure.

MOLIÈRE.

L'influence de l'Y sur l'E muet s'est prolongée fort longtemps; on en trouve des traces parfois encore aujourd'hui :

Faites en sorte
Qu'on vous vo*ie* ! — Merci, dit l'étranger. — La porte
Retomba, etc.

A. DE MUSSET.

*Voie* ou *voye* dans ce vers a deux syllabes.

Où quelque cinquante ans ne t'effrayeraient pas.

PONSARD.

Et que ces grands martyrs de l'immortalité
Lui payent d'un rayon son hospitalité.

LAMARTINE.

Qui travaille pour vivre et se paye d'un mot.

ANT. PRADINES.

Si les exemples que nous avons cités ne suffisent pas à démontrer que l'E muet se prononçait, invoquons l'autorité de Ronsard :

« Roland avait deux espé*es* en main. — Ne sens-tu pas que ces deux espé*es* en main offensent la délicatesse de l'oreille? »

Au commencement du XVIIe siècle, Deimier écrit :

« D'autant qu'il (l'E) est d'un accent trop bas et trop lasche, dont il avient que le vers qui s'en treuve chargé, n'est pas coulant, doux et vigoureux.

Je m'escrie, je plains, et vous prie sans cesse. »

Si l'E offense la délicatesse de l'oreille, s'il est d'un

accent bas et lasche, c'est que, peu ou beaucoup, il se prononce.

« L'E avait naturellement le son muet qu'il garde dans l'article *le.* » (GÉNIN).

Entre la prononciation de l'E qui permettait d'en faire une syllabe séparée, sonore par elle-même, et celle de notre époque, d'après laquelle il est absolument nul, il a dû y avoir nécessairement une période de transition pendant laquelle l'E, devenu trop sourd pour constituer une syllabe, ne l'était pas assez pour ne pas détruire, si l'on n'en tenait compte, l'harmonie du vers. — C'était, en quelque sorte, un demi-son; Ronsard et Deimier constatent ce moment de transition.

« La difficulté gît bien moins à constater de pareils faits qu'à en limiter l'étendue et la durée; d'autant qu'il y a toujours eu un moment plus ou moins long où les deux formes étaient en concurrence et subsistaient ensemble. » (GÉNIN).

Il fallait trouver un moyen de remédier à cet inconvénient; Ronsard proposait l'apocope, usitée du reste longtemps avant lui. Après l'exemple cité plus haut, il ajoute :

« Et pour ce, tu dois mettre :

Roland avait deux espés en sa main.

ou autre chose semblable. »

C'eût été peut-être là le meilleur moyen ; outre qu'il était facile de prévoir la suppression complète de l'E pour l'oreille, le poëte eût gagné beaucoup de liberté. Mais on craignit que l'E, tant qu'il se prononcerait encore, ne troublât la mélodie du vers, et on formula la règle de l'élision.

Rien n'était plus juste; cette règle avait sa raison d'être : elle était bonne.

Aujourd'hui est-il nécessaire de maintenir cette règle très-gênante pour le versificateur? C'est la prononciation qui en avait nécessité la création; c'est à elle qu'il faut demander s'il importe de la conserver.

Nous avons souvent écouté prononcer autour de nous des mots comme *vie*, *patrie*, *revue*, *pensée*, et nous croyons pouvoir affirmer que l'E final est parfaitement muet, nul. Évidemment, s'il est nul, il n'en faut tenir aucun compte et la règle de l'élision doit être abrogée. Il est inutile et absurde de gêner le poëte en le forçant à élider, c'est-à-dire à supprimer une lettre nulle, une chose qui n'existe pas.

Le seul cas dans lequel l'E, sans se faire entendre précisément, a une influence très-légère sur la voyelle qu'il suit, c'est celui où, après lui, il y a un repos; il aide alors, en quelque sorte, la voyelle sonore à tomber mollement, et c'est là ce qui nous permet de considérer comme rimes féminines celles dans lesquelles existe l'E muet final. Mais cette dernière influence de la lettre muette tend à s'effacer chaque jour de plus en plus.

Nous n'oserions pas affirmer que, plus tard, nous n'en viendrons pas à suivre l'exemple des Anglais, qui, au XVIe siècle, écrivaient *unhappie, glorie, verie,* mots dont l'orthographe actuelle est *unhappy, glory, very.*

Il serait bon de remarquer que souvent les chansons populaires qui riment pour l'oreille font abstraction de l'E muet.

Cadet Roussel a trois cheveux
Deux pour les fac' (es), un pour la queue.

Ces deux vers sont à coup sûr mieux rimés que ceux-ci :

Dans tout ce que l'Afrique a d'air
Il voudrait le barricader.

TH. DE BANVILLE.

On lisait sur sa lèvre un sourire âpre et fier,
Et son geste, en parlant, semblait les défier.

LAMARTINE.

La suppression de la règle prohibitive est d'autant

plus importante, que, par ses conséquences logiques, elle chasse du vers un nombre très-considérable de mots.

Alors que l'E était sourd et ne pouvait ni compter ni ne pas compter pour une syllabe, on l'élida. Mais l'élision n'était pas possible au pluriel quand cette lettre était suivie de l'S. On prit un grand parti, et on interdit le corps du vers au pluriel de tous les mots terminés par une voyelle sonore suivie de l'E, c'est-à-dire à un très-grand nombre de substantifs : *joies*, *pensées*, *années*, *furies*, etc., à un bien plus grand nombre encore d'adjectifs et de participes au féminin pluriel : *jolies*, *aimées*, *remplies*, *touffues*, etc. C'était une grande entrave; *dura lex*, *sed lex*, durent dire les poëtes, et ils s'inclinèrent devant la nécessité.

Une autre conséquence fut d'exclure encore du vers, non-seulement des secondes personnes du singulier des verbes : *tu plies*, *tu remues*, mais des personnes plurielles :

« Les mots *plient*, *croient*, ne valent jamais qu'une syllabe et ne peuvent être employés qu'à la fin du vers. »

(Voltaire).

Les changements survenus dans notre prononciation ayant rendu inutiles ces interdictions :

Tels sont amis de l'ordre et se croient convaincus.

Ponsard.

Ne serait-il pas absurde de ne pas relâcher ces entraves qui gênent mal à propos notre poésie? Qu'on y prenne bien garde, établir la règle alors qu'elle était utile, c'était de la raison; la maintenir quand elle n'a plus de raison d'être et qu'elle est nuisible, c'est de la routine, tranchons le mot, de la bêtise.

Nous cherchons vainement ce qui blesserait l'oreille dans ces vers :

Des milliers d'étoiles,
Lampes d'or que sa main a suspendues aux cieux.
. . . . . . . . . . . . . . . . . . . . .
En vain ils crient vers Dieu qui ne les entend pas.
. . . . . . . . . . . . . . . . . . . . .
Patrie! victoire! honneur! trois grands mots bien sonores

Chez nos plus anciens auteurs on trouve assez souvent l'*E* apocopé de fait pour l'oreille, dans un certain nombre de mots. — Suivant quelles lois l'*E* était-il tantôt supprimé devant une consonne, tantôt compté devant une voyelle, nous ne saurions le dire; il y a, à notre avis, une belle étude, un gros livre des plus intéressants et des plus utiles à écrire sous ce titre : Histoire de l'E muet dans la langue française.

A compaignie de dueil et de tristesse.
Ch. d'Orléans.

Celle de la rue Saint-Anthoine.
. . . . . . . . . . . . .
Qui n'es en théologie maistre.
Villon.

Vous qui cerchez les *Repues franches.*

. . . . . . . . . . . . . . .

Avait une épée qui bien trenche.

. . . . . . . . . . . . . . .

Robbe fourrée, pourpoint d'Ostade.

. . . . . . . . . . . . . . .

Une assemblée de compaignons.

*Repues franches.*

On rencontre quelques exemples de la violation de cette règle dans Molière et Lafontaine :

Eh bien, me plains-je à tort? — Me joues-tu pas, amour?

LAFONTAINE.

A la queue de nos chiens, moi seul avec Drécart.

. . . . . . . . . . . . . . . . . . . . . . . .

Et jamais il ne m'a priée de lui rien lire. (ou prié)

MOLIÈRE.

Au pied d'un myrte on plaça le tombeau
Qui couvre encor le mausolée nouveau.

GRESSET.

Cette faute est bien rare chez nos auteurs modernes.

De ses parois polies par l'égout des ravines.

LAMARTINE.

La quenouille est d'ébène incrustée de lapis.

V. HUGO.

Rien, ni l'orgie, ni le bal.

TH. DE BANVILLE.

Nous ne sentons pas que ces vers aient quelque chose de choquant pour l'oreille, non plus que ceux déjà cités. — Nous nous croyons donc autorisés à dire que la règle qui exige l'élison de l'*E* muet doit être abrogée comme devenue inutile.

Règle unique :

L'*E* muet final, après une voyelle sonore, est nul dans le corps du vers.

# DE LA SUCCESSION DES RIMES

---

Nous en avons fini avec les règles les plus sévères de notre versification, et les observations les plus importantes que nous avions à faire; qu'il nous soit permis de dire quelques mots de la succession des rimes, des licences et de l'harmonie en général, afin de rendre un peu moins incomplet ce travail aussi rapide que possible, et que nous aurions pu facilement allonger. — Mais à quoi bon écrire un gros volume, quand quelques pages suffisent !

Les rimes sont masculines ou féminines.

Une rime ne doit pas être suivie d'une rime différente appartenant au même genre.

Jusqu'à la fin du XVI$^e$ siècle, cette règle n'existait pas.

Ces gentes espaules menues,
Ces bras longs et ces mains tretisses,
Petits tetins, hanches charnues,
Eslevées, propres, faictisses
A tenir amoureuses lysses.

VILLON.

Madame, mon seul souvenir,
En cent jours n'auroye loisir
De vous raconter tout au vray
Le mal qui tient mon cueur martyr,
Ce premier jour du mois de may.

CH. D'ORLÉANS.

Les différentes combinaisons de rimes peuvent se réduire à trois : les rimes plates, croisées et mêlées,

Les rimes plates se succèdent deux à deux alternativement masculines et féminines :

La terre était riante et dans sa fleur première;
Le jour avait encor cette belle lumière
Qui du ciel embelli couronna les hauteurs,
Quand Dieu la fit tomber de ses doigts créateurs.
Rien n'avait de sa forme altéré la nature,
Et des monts réguliers la belle architecture,
S'élevait jusqu'aux cieux par des degrés égaux.

ALF. DE VIGNY.

Cette disposition des rimes, la plus ordinaire, est la plus mauvaise, ce nous semble.

Les romantiques ont avec raison accusé les vers classiques de monotonie, et ont cherché la cause de ce défaut dans la coupe régulière du vers; ils ont erré en partie.

Plusieurs causes contribuent à rendre les vers classiques les plus beaux monotones, et, à la longue (que les admirateurs quand même du grand siècle nous pardonnent ce blasphème), mortellement ennuyeux.

D'abord la tension continuelle que leur donne la recherche d'un ton élevé et soutenu à une hauteur fatigante par elle-même.

Puis, l'emploi des rimes plates, joint à des mesures *trop* marquées, et au peu de durée de leur phrase musicale qui n'embrasse habituellement qu'un nombre très-restreint de vers, souvent un seul, très-souvent deux; ce qui produit des sortes de sentences fort belles parfois prises à part, mais dont la succession continue devient intolérable d'autant plus rapidement que la phrase musicale est plus courte et moins variée.

Ce qui choque, nous le répétons à dessein, ce n'est pas le retour continuel de la même mesure; mais des mêmes périodes musicales. Une mesure étant donnée, le poëte peut, tout en la suivant, varier sa phrase à l'infini, comme le font les musiciens. J'en appelle aux romantiques eux-mêmes.

Victor Hugo emploie habituellement les rimes plates; ses vers ne sont nullement monotones; est-ce par la suppression de la césure et la présence des rejets! Non; cela est évident dans bien des morceaux où ces deux règles ne sont pas violées; mais les césures et les repos de la fin des vers, quoique marqués, ne le sont pas outre mesure, et la coupe des phrases est d'une variété extrême.

Hélas! et maintenant, deuil et pleurs éternels!
C'est fini. Les enfants, ces innocents cruels,
La suivent dans la rue avec des cris de joie.
Malheureuse! elle traîne une robe de soie,
Elle chante, elle rit... Ah! pauvre âme aux abois!
Et le peuple sévère avec sa grande voix,
Souffle qui courbe un homme et qui brise une femme,
Lui dit quand elle vient : « — C'est toi! va-t-en, infâme! »

V. Hugo.

L'emploi des rimes plates est mauvais, surtout dans la poésie dramatique : le spectateur dont la pensée va plus vite que la parole de l'acteur, prévoit souvent ce que va dire celui-ci, guidé qu'il est par la rime, et l'intérêt qui s'attache aux lèvres du personnage, se perd nécessairement.

Du reste, à notre avis, le vers devait être et sera probablement bientôt banni de la scène; une forme exceptionnelle était naturelle à la tragédie; style, personnages, passions, tout visait au surhumain; aujourd'hui que le drame est descendu au niveau humain, la forme, la langue qu'il emploie doit y descendre aussi.

Les rimes croisées présentent alternativement un vers masculin et un vers féminin.

La neige tombe en paix sur tes épaules nues ;
Je t'aime, sois à moi. — Quand la virginité
Disparaîtra du ciel, j'aimerai les statues.
Le marbre me va mieux que l'impure Phryné
Chez qui les affamés vont chercher leur pâture,
Qui fait passer la rue au travers de son lit,
Et qui n'a pas le temps de nouer sa ceinture
Entre l'amant du jour et celui de la nuit.

A. DE MUSSET.

On nomme encore rimes croisées la disposition qui consiste à placer régulièrement deux rimes féminines entre deux masculines, *et vice versâ.*

Je ne veux rien savoir, ni si les champs fleurissent,
Ni ce qu'il adviendra du simulacre humain,
Ni si ces vastes cieux éclaireront demain
Ce qu'ils ensevelissent.
Je me dis seulement ; à cette heure, en ce lieu,
Un jour je fus aimé ; j'aimais, elle était belle,
J'enfouis ce trésor dans mon âme immortelle
Et je l'emporte à Dieu.

A. DE MUSSET.

Les rimes mêlées sont celles dont la disposition est laissée à la volonté du poëte, sous la seule condition de respecter la règle générale.

Les classiques n'admettent les rimes mêlées et même croisées, que dans les genres qu'ils nomment familiers ou légers. — La rime plate seule convient aux sujets et aux genres élevés, nobles. — Ici encore nous ne pouvons que répondre avec Marmontel, qu'on a pris « la pesanteur pour de la majesté. »

Musset a souvent écrit en rimes mêlées, et nous ne pensons pas que dans nos poëtes anciens ou modernes, classiques ou romantiques, il se trouve beaucoup de morceaux supérieurs ou même égaux pour la grandeur et l'élévation pas plus que pour l'harmonie, au début de *Rolla* ou à la fin de la *Nuit de Mai*.

Au lieu de deux rimes semblables, on peut en placer trois et même davantage ordinairement féminines, soit de suite, comme le fait souvent V. Hugo.

> C'était la tente et la crèche,
> La tribu qui chasse et pèche,
> Qui vit libre, et dont la flèche
> Jouterait avec l'éclair.

Soit l'une d'entre elles séparée des deux autres par la rime de genre différent; c'est là, qu'on nous permette cette expression, un des procédés que Musset emploie le plus habilement.

> Regrettez-vous le temps où le ciel sur la terre
> Marchait et respirait dans un peuple de dieux :
> Où Vénus Astarté, fille de l'onde amère,
> Secouait, vierge encor, les larmes de sa mère,
> Et fécondait le monde en tordant ses cheveux.

Après le troisième vers le lecteur s'attend à une rime masculine qui vienne conclure ; le poëte, prolongeant sa phrase musicale d'un vers, en retarde la chute harmonieusement pour qu'elle frappe ensuite avec plus de force.

On peut redoubler la rime indéfiniment, ce qui produit des effets bizarres, mais aux dépens de l'harmonie.

> L'eau qui filtre, l'herbe qui plie,
> La séve qui découle en pluie,
> La brute qui hurle ou qui crie,
> Tous ces bruits de force et de vie
> Que le silence multiplie, etc.
>
> LAMARTINE.

On trouve chez les auteurs du XVII$^{e}$ siècle des exemples de pièces à rimes toutes masculines ou toutes féminines.

Quelques-uns de nos contemporains ont imité cette manière.

> On dirait ton regard d'une vapeur couvert ;
> Ton œil mystérieux. — Est-il bleu, gris ou vert ?
> Alternativement tendre, doux ou cruel,
> Réfléchit l'indolence ou la pâleur du ciel.
>
> CH. BAUDELAIRE.

> David tendre comme les femmes,
> Dans un chant aux notes divines,
> Pour faire soupirer deux âmes,
> Croise deux rimes féminines.
>
> TH. DE BANVILLE.

M. Th. de Banville a même, ce que nous n'avons vu nulle part ailleurs, fait rimer entre elles des terminaisons masculines et des terminaisons féminines.

> Tombez dans mon cœur, souvenirs confus,
> Du haut des branches touffues!
> O parlez-moi d'elle, antres et rochers
> Retraites à tous cachées.

Qu'on adopte les rimes exclusivement masculines, comme mon père l'a proposé, pour les poésies destinées à s'allier avec la musique à laquelle il convient de fournir le plus possible de sons pleins et accentués, le moins possible de sons sourds, d'accord; — mais les pièces à rimes toutes féminines nous ont paru, malgré David, d'un filandreux intolérable.

Quant aux derniers vers que nous avons cités, ce n'est peut-être là qu'une originalité trop prématurée; peut-être l'*E* muet même final étant décidément reconnu nul, l'avenir considérera-t-il ces rimes comme toutes masculines; en attendant, nous ne pensons pas que ce genre trouve beaucoup d'imitateurs.

---

# DES LICENCES POÉTIQUES

La licence est une incorrection autorisée par l'usage ou par cette simple considération que la hardiesse que veut se permettre le poëte ne nuit en rien à l'harmonie du vers ni à la clarté du sens. — Nous n'avons pas à nous étendre sur les licences de versification; — presque tout ce que les règles actuelles accordent à titre de licence nous l'avons réclamé comme droit.

Les licences d'orthographe ne consistent guère qu'en la suppression de l'*s* finale dans un certain nombre de mots; rien n'est plus commun chez les poëtes du XVIIe siècle; les modernes présentent aussi cette licence : quelle conclusion en tirer, sinon celle que nous avons donnée à propos de la rime? — Si l'on acceptait comme juste notre critique sur ce point, la licence ne sera plus qu'une liberté, un droit; on reconnaîtra, comme l'ont fait implicitement les auteurs, que *guère* avec ou sans *s* rime avec *vulgaire*, et que, de quelque manière que soient écrits ces mots : *soi*, *soit*, *sois*, ils donnent le même son à l'oreille, et doivent, par conséquent, pouvoir rimer ensemble.

Les licences de construction consistent principalement en inversions. — Un grand nombre d'inversions étaient usitées autrefois qui sont négligées aujourd'hui; mon père, dans son *Essai de rhythmique française*, a réclamé en leur faveur, et bien qu'il en accepte quelques-unes que nous repousserions comme nuisant à la clarté du sens, nous regrettons avec lui de voir tomber en désuétude beaucoup d'inversions qui « impriment à la poésie, avec un caractère distinctif, une allure plus vive et plus hardie. »

Nous ne nous étendrons pas sur les licences de grammaire permises toujours quand le sens reste clair. — Nous nous contenterons de recommander la pratique aujourd'hui bien abandonnée de l'ellipse qui retranche du discours des parties surabondantes et inutiles. — Mais quel est le poëte qui oserait imiter l'ellipse célèbre de Racine!

Je t'aimais inconstant; qu'aurais-je fait fidèle?

Ou celle-ci que cite M. Quicherat :

Jeûner, s'il faut manger; s'il faut s'asseoir, aller;
S'il faut parler, se taire; et si dormir, veiller.

JEAN DE LA TAILLE.

# DE L'HARMONIE

L'harmonie des vers dépend de leur division en parties ou mesures symétriquement correspondantes soit entre elles, soit avec les mesures des vers voisins; de la rime dans une juste mesure; du nombre, c'est-à-dire de la quantité et de la position des accents toniques; de la longueur et de la variété des phrases musicales dont les vers ne sont que des parties; — mais l'harmonie, il serait plus juste ici de dire la mélodie, dépend aussi du choix des mots. Ainsi que l'a dit Boileau, dans son *Art poétique,* donnant à la fois très-heureusement le précepte et l'exemple :

Il est un heureux choix de mots harmonieux.

Les conditions de l'harmonie étant multiples et le poëte étant, à son insu parfois, plus ou moins sensible à telle ou telle de leurs combinaisons, il en résulte pour chacun une harmonie qui lui est propre;

si bien que, étant donné un morceau inédit d'un des poëtes qui nous sont familiers, nous pouvons, presque à coup sûr, nommer l'auteur; aussi certains individus parviennent-ils à faire des pastiches ou imitations de nos poëtes assez ressemblantes pour nous faire hésiter.

Deux poëtes se sont fait remarquer par la mélodie de leurs vers : Racine, et, de nos jours, Lamartine.

L'harmonie particulière à chaque poëte étant une dépendance de ses habitudes, de son organisation, il est difficile de donner des règles à ce sujet. — Condamner Victor Hugo à faire, au point de vue de la mélodie, du Lamartine, ce serait lui enlever une partie de son individualité, comme ce serait supprimer Lamartine que de le forcer à imiter les vers de Victor Hugo.

Mais, que son oreille soit plus ou moins délicate, s'il n'est pas possible de dire à un poëte ce qu'il fera, il l'est de lui défendre de nous choquer par des duretés : quelle est l'oreille, si anti-musicale soit-elle, qui ne serait choquée par ces vers?

Dieu ! quelle masse au loin semble, en sa marche immense,
. . . . . . . . . . . . . . . . . . . . . . . . . . .
Sa mère est morte en reine et son père en héros.
. . . . . . . . . . . . . . . . . . . . . . . . . . .
L'ours Henri huit pour qui Morus en vain pria.

V. Hugo.

Chaque fois que la vis en tournant se dérobe,
Sur la dernière marche un dernier pli de robe,
Irritante terreur, brusquement apparaît.

TH. GAUTIER.

Je vais du lac au pic, et de la grotte au pont.

. . . . . . . . . . . . . . .

Seule et même union qu'un nom différent nomme,
Selon l'être et le sexe en qui Dieu la consomme,
Mais qui n'est que l'éclair qui révèle à chacun,
L'être qui le complète et de deux n'en fait qu'un

LAMARTINE.

---

# CONCLUSION

Le lecteur qui nous aura suivi dans notre rapide travail, a pu le constater à chaque pas; ce que nous demandons, c'est la plus grande liberté possible pour le poëte, tant que cette liberté ne nuira pas à l'harmonie qui constitue le vers, harmonie qui lui est propre, sans laquelle il n'existe pas et n'est plus que de la prose plus ou moins poétique. Notre système de versification actuel nous paraît un chaos de contradictions et d'absurdités par rapport à l'état de notre langue; nous avons essayé d'en analyser la plus grande partie, de démontrer par où il pèche, et de dire enfin ce qui pourrait et devrait être changé. Nous avons constaté que si l'école de 1830 a rendu de grands services à la poésie en lui donnant beaucoup plus de liberté dans le choix des sujets et des expressions, pour la partie mécanique elle est passée à côté de la vérité et n'a fait que porter le désordre à son comble. Trouver le mal et le prouver, chercher le mieux, tel a été notre but. — L'avons-nous atteint?

Dans notre œuvre, certaines parties nous appartiennent en propre; les lois de la syllabation des bivocales par exemple; — beaucoup des observations que nous avons faites sur les règles classiques se trouvent éparses dans les auteurs qui se sont occupés théoriquement de la versification française : Voltaire, Marmontel etc. — Mon père les a énoncées brièvement dans son *Essai de rhythmique*, en en ajoutant qui lui sont propres et dont nous avons profité. M. Quicherat, dans son *Traité de versification*, en donnant dans toute leur rigidité les règles classiques, a, dans des notes pleines d'érudition, fait sur les auteurs antérieurs à 1830 des observations justes, mais beaucoup trop timides, chaque note concluant à peu près ainsi : « En attendant, nous conseillerons de respecter les règles reçues. »

Nous, au contraire, nous disons, comme conclusion, aux jeunes gens, à ceux qui viennent et sont assez heureux pour n'avoir ni engouement ni parti pris :

Toute loi reconnue mauvaise doit être abrogée.

Si donc quelques-unes des critiques que nous avons faites vous paraissent fondées, osez vous soustraire à celle des règles dont l'absurdité est démontrée; osez faire selon la raison; la meilleure des preuves est un fait; osez faire, et, qu'elle le veuille ou non, la loi vous suivra.

---

# VERSIFICATION ROMANTIQUE

—

## EXAMEN CRITIQUE

> Toute innovation contraire à la nature de notre prosodie et au génie de notre langue doit être signalée comme un attentat aux premiers principes du goût.
>
> V. Hugo. — 1821.
>
> (*Quantum mutatus ab illo!*)

# VERSIFICATION ROMANTIQUE

## PROSODIE DE L'ÉCOLE MODERNE

### W. TÉNINT

Deux écoles existent en poésie, qui diffèrent essentiellement, non-seulement pour le fond des choses, mais pour la forme, la partie mécanique, la versification.

Celui qui veut étudier les préceptes de l'école classique, le peut facilement; non-seulement il y a des traités modernes, mais, grâce aux variations continuelles qu'à súbies la versification française depuis son origine, variations dues le plus souvent à celles qu'éprouvait la prononciation, un grand nombre de traités didactiques ont paru à diverses époques, constatant les changements accomplis et les justifiant.

Le jour où, en face de l'ancienne école, une nouvelle s'est levée, déclarant que tout ce qu'on faisait était faux, absurde, et préconisant des procédés nouveaux, elle s'est appuyée sur des principes nouveaux, une théorie nouvelle, principes, théorie qu'elle a dû nécessairement formuler dans quelque traité didactique, code où les débutants, comme les érudits, pussent étudier les divers moyens qu'elle emploie, les discuter, et constater leur supériorité sur les anciens.

Cela devait être ainsi, pensions-nous; nous ne pouvions admettre qu'une secte se fût trouvée assez audacieuse pour bouleverser de fond en comble le fruit de l'expérience de plusieurs siècles, sans donner les raisons qu'elle avait pour agir ainsi; nous ne pouvions admettre surtout que toute une génération se fût laissée aller à encourager, à applaudir une semblable révolution sans lui avoir sérieusement demandé compte de ses droits, justifiant ainsi une fois de plus ce dicton malheureusement trop souvent vrai : « *Audaces fortuna juvat.* »

Cet exposé des motifs de l'école romantique, nous l'avions cherché, ou du moins nous croyons l'avoir cherché en vain; nous connaissions bien un petit livre intitulé : *Prosodie de l'Ecole moderne*, mais, après l'avoir parcouru, nous n'avions pas osé considérer une telle œuvre comme représentant les opinions théoriques d'une école vraiment grande par certains côtés.

Nous nous trompions, paraît-il. — Après nombre d'affirmations nous avons dû le croire; cette théorie, si l'on peut donner ce nom à un ensemble de raisonnements faux et contradictoires, appuyés sur des principes d'une fausseté évidente, cette théorie est bien celle de l'école romantique; la lettre de Victor Hugo qui précède ce petit volume n'est pas une de ces lettres de complaisance que tout débutant peut obtenir; l'approbation du maître est bien réelle, réfléchie; ses œuvres en font foi.

Voilà pourquoi, après mainte hésitation, nous nous décidons à analyser dans ce livre le système de versification romantique.

Si l'on s'étonnait de nous voir attaquer ainsi un livre déjà vieux de vingt ans, nous répondrions que, depuis sa publication, aucune autre œuvre analogue n'a paru; nous discutons, non quelques pages oubliées d'un auteur disparu, mais un système bien vivant, bien actuel, mis en pratique chaque jour.

Avant d'entrer en matière, il n'est peut-être pas inutile de faire remarquer que ce que nous voulons étudier ici, c'est uniquement la forme, les procédés de versification de l'école romantique et non sa valeur poétique; si la logique nous force à admettre que souvent les vers de V. Hugo ne sont pas des vers, celui-là se tromperait fort qui nous croirait disposé à nier le génie de l'illustre exilé. — Afin qu'il ne puisse rester dans l'esprit de personne un doute sur ses intentions, forcé par l'intérêt de l'art d'attaquer le versificateur, l'auteur de cette étude est heureux d'adresser ici ses respectueuses sympathies au proscrit, et, sous toutes réserves, au poëte.

---

Dès son premier mot, le titre de son ouvrage, nous prenons l'auteur en flagrant délit d'ignorance : *Prosodie de l'Ecole moderne.*

Le mot *prosodie* est le nom grec de l'accent; dans les langues anciennes, il n'a jamais signifié autre chose; dans les idiomes modernes où l'accent a une si grande influence sur la quantité, ce mot désigne la théorie de l'accent et de la quantité; c'est dans ce sens que tous les auteurs ont employé le mot prosodie; aucun ne l'a pris pour la théorie de la versification; la prosodie est la base de la versification moderne, mais ne la constitue pas; d'ailleurs, le rôle que joue l'accent dans le vers, l'auteur ne s'en doute guère; outre qu'il n'en fait aucune mention, la moindre notion sur ce point lui eut épargné bien des bévues. — S'il voulait un mot grec pour titre, c'est non pas prosodie, mais stichologie qu'il aurait dû choisir.

---

Dans son introduction, M. Ténint commence par établir que non-seulement il existe, mais qu'il a toujours existé deux écoles.

« Il y a les natures complètes et les natures incomplètes : — Les natures complètes possèdent la puissance de la pensée, de la forme, de la couleur, ce qui constitue la trinité de l'art, le beau complet. »

Naturellement, les romantiques sont les natures complètes, et, à ce titre, tous les génies complets qui ont paru, depuis que le monde est monde, sont romantiques; ainsi Homère, par opposition à Zoïle, classique..... Régnier, Molière, etc. — Voilà qui est bien démontré et par un syllogisme des plus simples. — Il y a complet et incomplet; or, complet veut dire romantique; d'où, tout ce qui est complet est romantique; — c'est clair.

« Les natures complètes, s'inspirant d'une pensée plus puissante ont dû trouver une forme plus puissante aussi; » — c'est cette forme que l'auteur va étudier pour ce qui touche à la versification.

Jamais, nous dit-on, il n'a été fait de prosodie française de quelque valeur; des éplucheurs de mots ont réuni un certain nombre de lois vulgaires, bonnes tout au plus pour des élèves de septième, et c'est tout. Il était bien temps, on le voit, que M. Ténint apparût à ce monde charmé comme un messie de la versification.

« Ainsi, nulle part on ne trouve la théorie des vers simples et des vers composés. »

En y réfléchissant, cette théorie étant une fantaisie imaginée par l'école romantique, la moderne, bien entendu, et non l'éternelle, il semble assez naturel qu'on n'en ait pas parlé avant que le romantisme fût venu illuminer la versification française.

Suit une énumération de tout ce qui, d'après l'auteur, n'a pas été fait, mais qu'il va faire..... heureusement! — D'où il résulte que le besoin de son livre se faisait sentir, et qu'il va nous dire beaucoup de choses nouvelles dont les *prosodistes de la vieille école ne se sont pas même doutés*. Ainsi soit-il ; nous verrons bien.

Nous prions nos lecteurs de ne pas oublier que sous l'auteur il y a toute l'école; que nous nous adressions à celui-ci ou à celui-là, c'est toujours à l'école entière que nous parlons.

Chap. Ier. — « Il y a dix espèces de vers; le vers de un pied, de deux pieds, etc. »

Constatons d'abord chez l'auteur l'absence complète de deux choses absolument nécessaires pour discuter la versification, la science et l'oreille; l'une ou l'autre en effet aurait suffi pour l'empêcher de débuter par une balourdise; les syllabes ne sont pas des pieds. Les pieds métriques des anciens fondés sur la quantité, les pieds rhythmiques modernes basés sur l'accent, résultent de la combinaison de deux, trois ou quatre syllabes, dont une forte, *tonique* ou *accentuée* qui divise le vers à l'oreille en parties élémentaires (pieds); d'où résulte le nombre. — Ni les anciens, ni les modernes n'ont admis qu'une syllabe, longue ou brève, forte ou faible, constitue un pied, pas plus qu'un temps ne peut constituer une mesure en musique. — Il faut pour cela deux, trois ou quatre temps; les syllabes sont les temps de la mesure. Les langues modernes ne sont pas assez prosodiques pour permettre à la poésie de procéder par pieds métriques; les seuls pieds possibles doivent se baser sur les accents toniques, les syllabes d'appui; ce sont des pieds rhythmiques qui ne conviennent qu'à la poésie chantée.

Si l'on voulait diviser par pieds nos vers récités, ce qui se pourrait faire à la rigueur, on constaterait que notre alexandrin, qu'on appelle vers de douze pieds ! est le plus souvent un vers de quatre pieds :

Il pleurait. — Tout à coup, — devant la tour — antique,
S'éleva — murmurant — comme un appel — mystique,
Une voix — ce n'était — sans doute — qu'un esprit.
Bientôt — parut — la dame — à son balcon — gothique :
On ne sait — si ce fut — au sylphe — qu'elle ouvrit.

Quatre de ces vers ont quatre pieds, le quatrième en a cinq. — Nous ne pouvons que renvoyer les lecteurs, curieux d'approfondir cette question, à un ouvrage spécial, *Essai de Rhythmique française* [1].

Nous laissons donc M. Ténint, et bien d'autres, employer tout à leur aise le mot pied dont le vrai sens leur échappe, et nous dirons vers de une, deux syllabes.

« Parmi les espèces de vers, il y en a cinq qu'on pourrait appeler vers simples, cinq qu'on pourrait appeler, par contre, vers composés.

» Les vers simples sont ceux qui, par leur nature, se font d'un jet, d'un souffle et sans césure possible.

» Les vers simples sont les vers de un pied, deux, trois, quatre et cinq pieds.

» Non pas que dans le vers de cinq pieds, on ne puisse déjà trouver des combinaisons de vers ou hémistiches de deux pieds ou de trois pieds; mais le vers de cinq pieds est simple, parce que, quelle que soit sa structure, *il se scande et se lit d'un seul jet.*

» Il faut pourtant leur joindre le vers de six pieds, mais seulement dans certaines conditions.

» Tout d'abord, disons que nous appelons vers composé le vers qui se forme à l'aide de vers simples ou vers unités; c'est-à-dire dans lequel entrent les vers ou hémistiches de un pied, deux, etc. »

[1] (Michel Lévy.)

Voilà donc cette fameuse théorie des vers composés : « théorie qu'une étude même superficielle du vers fait découvrir, » et que les romantiques ont seuls su trouver !

Une étude, même très-superficielle, du vers, mais faite avec un peu d'oreille ou avec quelque notion de ce qui a été dit de tous les temps sur les pieds, fait découvrir que cette théorie est fausse.

Un vers est une entité, une chose à part, complète par elle-même, et quand une mesure égale à un certain vers entre dans un vers plus long, elle perd son entité, elle n'est plus un vers et devient tout simplement une partie composante.

On peut bien dire que tel vers de six syllabes est composé de deux hémistiches égaux à des vers de trois syllabes ; mais dire qu'il est composé de deux vers, c'est une absurdité.

Ce que l'on prend ainsi pour des vers composants, ce sont les pieds, les vrais pieds ; ainsi, ces vers cités :

Mais surtout — quand la brise
Me touche — en voltigeant,
La nuit — j'aime être assise,
Être assise — en songeant.

Trouver là « deux vers formés de deux autres vers égaux de trois pieds : »

Mais surtout — quand la brise
Être assise — en songeant.

C'est commettre une erreur grossière; ces deux vers sont composés chacun, non de deux vers de trois pieds, mais bien de deux pieds trisyllabes.

Nous n'avons que faire de suivre les détails donnés d'après cette théorie sur les vers de sept et de huit syllabes. La base de la théorie étant fausse, toutes les applications doivent donner et donnent en effet des résultats faux.

On reconnaît là les procédés habituels de l'école romantique; elle pose comme prémisses de simples affirmations qu'elle déclare indiscutables, et part de là. Elle vient de passer ici cependant à côté d'un vrai principe, évident, indiscuté, mais qui lui eût donné tort.

Dans ce qui vient d'être dit, nous trouvons un aveu précieux et dont nous nous hâtons de prendre bonne note. Il est reconnu qu'on ne peut faire sans césure des vers de plus de six syllabes, qu'au delà de ce nombre un vers ne peut plus se lire d'un seul jet; — un peu de bon sens eût suffi, ceci étant reconnu, pour en vouloir chercher la cause, et pour trouver ainsi le fait qui domine, non-seulement notre versification, mais toute versification humaine.

Le vers est une mélodie, un rhythme, un chant parlé en quelque sorte; le juge, l'appréciateur de tout chant, c'est l'oreille. — Le contenu doit être mesuré au contenant, le chant à l'organe qui doit l'apprécier.

Voilà, ou nous nous trompons fort, non pas des assertions de fantaisie, mais des vérités de La Palisse, des axiomes.

La portée de l'oreille humaine ne peut embrasser d'un trait (la limite extrême des vers dits simples en est l'aveu), plus de six notes, six syllabes. — Donc toute phrase contenant d'un seul jet plus de six syllabes, dépassera la puissance de l'oreille, la déroutera, sera inappréciable pour elle, ne pourra rentrer comme partie constitutive dans une mélodie destinée à l'oreille humaine.

C'est là, basée sur une vérité avouée, incontestée, incontestable, une conclusion logique qui, prise par nous pour principe, nous suffira pour démolir pièce à pièce la théorie toute factice de la versification romantique.

Après avoir cité des vers de six, sept, huit syllabes, scandés de manière à montrer qu'ils peuvent être coupés par des repos dont la place varie sans que ces vers perdent leur harmonie, l'auteur proclame ce premier triomphe de la césure mobile; de là découle naturellement une longue et spirituelle ironie à l'adresse des

« Prosodistes de la vieille école, peu forts, il faut le dire, sur tout ce qui touche à l'harmonie, qui ont trouvé les césures des vers de dix et douze syllabes, mais qui n'ont pas heureusement pu trouver de césure fixe aux vers de six, sept et huit pieds, parce que cette césure capricieuse, fugitive, semblait se rire de leur pédantesque aplomb. »

Conclusion :

« Du moment que les vers de six, sept et huit pieds conservent leur harmonie bien que la césure se déplace sans cesse, il est bien aisé d'en conclure que le vers de douze pieds reste harmonieux avec une césure mobile. »

Et voilà ! — Le tour est fait. — Pourquoi ne pas appliquer cette conclusion à un vers de trente-six syllabes ? Quand on conclut avec une semblable facilité de 8 à 12, il n'en coûte pas davantage de conclure de 12 à 24, de 24 à 36. — C'eût été une chance de trouver, chemin faisant, un vers de douze pieds.

Puisqu'elles ont derrière elles toute une école, tâchons de répondre sérieusement à ces assertions et de démontrer pourquoi on n'a pas le droit de sauter ainsi de huit à douze.

Les classiques, nous dit-on, n'ont pu mettre la main sur les césures des vers de six, sept et huit syllabes, et, n'y comprenant rien, ils les ont laissés *ad libitum*. — En vérité, la nouvelle école a par trop mauvaise opinion des anciens *prosodistes;* pour constater la mobilité possible des repos, il n'est pas nécessaire d'avoir le génie dont elle fait preuve ; il suffit d'un peu d'attention ; — si les classiques n'ont pas fixé la césure dans ces vers, c'est justement parce qu'ils avaient une oreille juste et un sentiment de l'harmonie qui manque absolument aux romantiques ; ce sentiment de l'harmonie leur a dit, après examen, que ces vers pouvaient se passer de césure fixe. — Le pourquoi de ce fait, l'ont-ils trouvé? Je ne le crois pas, — mais les romantiques sont loin de l'avoir même entrevu. — Cherchons-le.

Constatons d'abord que les classiques se gardaient, comme d'un défaut, de commencer et de finir leurs vers par un monosyllabe séparé ou séparable du corps du vers.

Rappelons que six notes peuvent être embrassées d'un trait par l'oreille.

Remarquons enfin qu'un vers étant divisible, les parties qui le composent doivent avoir entre elles des rapports harmoniques ; qu'il est des nombres qui concordent harmoniquement ; qu'il en est qui jurent ensemble.

Ceci dit, dans le vers de six syllabes, divisé à l'oreille soit par des repos après une syllabe, soit par des repos sur une syllabe, autrement dit par des accents toniques, vous n'aurez plus que trois combinaisons simples possibles :

2 et 4 — 3 et 3 — 4 et 2.

Nombres harmoniquement concordants; pour ce vers donc, inutile de fixer un repos; il sera harmonieux quand même.

| | |
|---|---|
| Assez dormir, — ma belle! | 4 et 2 |
| Ta cavale — isabelle | 3 et 3 |
| Hennit — sous tes balcons. | 2 et 4 |

A. DE MUSSET.

Avant d'aller plus loin, expliquons ce que nous avons entendu par ces mots : repos après une syllabe, repos sur une syllabe. — Ce que nous dirons à propos du vers de six syllabes s'applique naturellement à l'hémistiche de l'alexandrin :

Assez dormir, — ma belle!

Voilà un repos *après* la quatrième syllabe.

Ta cavale — isabelle

Voilà un repos *sur* la troisième syllabe.

L'oreille n'a besoin d'un repos marqué, d'un silence, d'une césure qu'après six syllabes, puisque ce nombre, même indivisé, est appréciable pour elle. — *Imagination!* — mais elle a tout bénéfice à trouver en route des points de repère : ces points, ce sont les accents toniques qui constituent alors de vrais pieds dans le vers; — la position de ces accents est loin d'être indifférente pour l'harmonie; — quel homme aurait l'oreille assez peu délicate pour ne pas sentir une différence énorme entre ces trois vers :

Lumière — étincelante.
La lumière — éclatante.
Une lumière — étrange.

Il n'y a pas là cependant de césure, de silence après telle ou telle syllabe; il y a simplement transposition de l'accent tonique, repos sur une syllabe, point de repère pour l'oreille, élément d'harmonie dont l'étude a été, jusqu'à ce jour, complétement négligée en France.

Je reviens à mon romantique.

Pour le vers de sept syllabes, en exigeant un repos quelconque, vous ne pourrez encore avoir une mesure de plus de six syllabes, même de cinq, les monosyllabes séparés étant exclus du commencement et de la fin du vers. Vous aurez :

2 et 5 — 3 et 4 — 4 et 3 — 5 et 2.

Nombres concordants; comme pour le précédent, inutile de fixer à ce vers une césure; quoique non rhythmique, il sera suffisamment harmonieux quand même.

Mes spectres, — mes mains si frêles,
Quand leur courroux — gronde encor, 4 et 3
N'osent plus, — sur les tourelles, 3 et 4
S'appeler — au son du cor.
Ma cour magique — en alarmes,
A fui — leurs pesantes armes. 2 et 5
Ils ont de mon sylphe — en larmes, 5 et 2
Arraché — les ailes d'or.

V. Hugo.

Faisons observer ici la différence fondamentale entre les vers récités et les vers chantés, lyriques.

Dans des vers musicaux, une partie élémentaire ne peut contenir plus de quatre syllabes, pour la même raison qui ne permet pas à la musique plus de quatre temps; passé ce nombre, l'harmonie n'est plus suffisante pour la musique; après six syllabes, elle se perd complétement.

Mais l'oreille, dans les vers récités, accepte la limite extrême de perception, c'est-à-dire six syllabes; ici, elle ne demande plus de la musique, une sorte de vague mélopée lui suffit.

C'est là ce qui permet de considérer dans les vers de sept et huit syllabes des parties composantes, cinq et six, nombres que la musique repousse absolument et qu'elle subdivise toujours. — Aussi les poëtes, qui ont le sentiment de l'harmonie, chassent-ils de leurs vers les mots de plus de quatre syllabes; mots qui forment un tout indivisible. Ronsard a recommandé d'éviter ces mots [1]. Les parties composantes cinq et six peuvent, à la rigueur, presque toujours se subdiviser en deux pieds :

Ils ont — de mon sylphe — en larmes.
. . . . . . . . . . . . . . . . .
Madrid — quand tes taureaux — bondissent.

Passons aux vers de huit syllabes. Il est inharmonieux en soi, avons-nous dit, de commencer et surtout de finir des vers par des monosyllabes isolés; ici, cela devient impossible, l'autre mesure venant ainsi à dépasser la portée de l'oreille.

1 et 7; 7 et 1 sont inadmissibles; je n'en veux d'autre preuve que les deux vers cités dans le volume que j'analyse et qu'aucune oreille ne saurait accepter comme harmonieux :

Job — de mille tourments atteint,
. . . . . . . . . . . . . . . . .
Vois comme il fait déjà nuit; — viens.

Pour les classiques qui fuyaient le monosyllabe initial ou final, ce vers donne les combinaisons suivantes :

2 et 6; 3 et 5; 4 et 4; 5 et 3; 6 et 2.

[1] Voir *Examen critique*, page 39.

Nombres toujours concordants; d'où, ici encore, inutile de fixer une césure; il y a quand même, non pas rhythme, mais harmonie suffisante.

| | |
|---|---|
| Madrid — quand tes taureaux bondissent. | 2 et 6 |
| . . . . . . . . . . . . . . . . . | |
| J'en sais une, — et certes la duègne | 3 et 5 |
| Qui la surveille — et qui la peigne... | 4 et 4 |
| . . . . . . . . . . . . . . . . . | |
| C'est un vrai démon, — c'est un ange. | 5 et 3 |
| . . . . . . . . . . . . . . . . . | |
| Oh ! lorsque l'ouragan — qui gagne..... | 6 et 2 |

ALF. DE MUSSET.

Une pause placée n'importe où dans le courant des vers de six, sept et huit syllabes suffit donc à les rendre harmonieux; une césure fixe est donc inutile. Voilà ce qu'avaient senti, sinon raisonné, les classiques; mais ils ont été plus loin : doués d'une oreille délicate, ils ont constaté que les vers de sept syllabes gagnaient beaucoup à être régulièrement coupés après la troisième syllabe ou accentués sur elle; ceux de huit à l'être après ou sur la quatrième. Aussi ont-ils, non pas prescrit, mais recommandé ces césures.

Tous les autres peuples (Italiens, Anglais, Allemands, Russes, etc.), pratiquent la versification tonique; ils exigent formellement un accent sur la troisième syllabe dans les vers septasyllabes; et, soit sur la quatrième, soit sur la deuxième, la cinquième et la huitième dans l'octosyllabe. Comme notre langue laisse dans ces deux vers la position des accents *ad libitum*, et n'en prend même aucun souci, ils nous font l'honneur de considérer notre versification comme barbare. Ont-ils tort ou raison? Toujours est-il que l'harmonie que nous obtenons ainsi nous suffit pour les vers récités.

---

A propos du vers de neuf syllabes, le professeur romantique commence par déclarer :

« Qu'il existe, ce que beaucoup de personnes ignorent. »

Il faut que ces beaucoup de personnes y mettent beaucoup de bonne volonté, car ce vers ne date pas d'hier : *Les Flors del gay saber* (1376), en citent des exemples; outre que presque tous les traités de versification le mentionnent, non-seulement Quinault cité, mais Malherbe, Lafontaine, Molière, Racine, etc., l'ont pratiqué.

« Ce vers a deux césures immobiles; il se divise en trois hémistiches de trois pieds chacun. »

*Hémistiche* est là assez bizarrement employé et peut faire pendant à *pieds;* un vers qui comprend trois moitiés de vers !

Ce vers est ainsi divisé, non en trois hémistiches, mais en trois pieds trisyllabes.

Pourquoi ici pas de césure mobile ? — L'objection est prévue.

« Parce qu'on arrive à le couper en un hémistiche de quatre pieds suivi d'un de cinq, et qu'un hémistiche pair ne s'harmonise que rarement avec un hémistiche impair. »

Mais, pourrait-on répondre, puisque vous y mettez tant de sans-façon avec les autres vers, pourquoi cette coupe unique ? pourquoi pas :

1 et 8; 2 et 7; 3 et 6; 6 et 3; 2 et 7; 8 et 1.

Ici, l'auteur vient dépasser le point où, de par l'oreille, la césure cesse d'être à volonté, et, ne possédant pas de fil d'Ariane, il commence à s'égarer; si près du point de départ, il n'ose tomber dans l'absurde; mais il se rattrapera tout à l'heure.

Aussi,

« Cette réflexion embarrassant notre homme, » il trouve beaucoup plus simple de s'en tirer par un procédé qui appartient en propre à l'école romantique;

n'ayant pas de bonnes raisons à donner, il prononce un arrêt :

« Enfin (cet enfin est plein de révélations), toutes les fois que le vers de neuf pieds est bien fait, nous retrouvons les deux césures. »

Et si vous n'êtes pas contents... Voilà qui est commode à coup sûr et on ne peut plus romantique en fait d'explications ; ah ! certes, ce ne sont pas les prosodistes de la vieille école qui auraient trouvé ce moyen aussi simple qu'ingénieux de se tirer d'embarras.

Quoi qu'il en soit, prenons en passant bonne note de ceci ; il y a des nombres qui ne concordent pas entre eux ; nous l'avions déjà dit ; on nous l'avoue : nous verrons où cela nous mènera. L'exigence des deux césures nous permet encore de considérer comme discordants trois et six, six et trois ; constatons-le, et joignons ces deux combinaisons à celles-ci déjà acquises : 5 et 4, 4 et 5.

Notre auteur, ignorant complétement l'existence de l'accent, exige deux césures.

Le vers de neuf syllabes n'a nullement besoin de deux césures ; il lui suffit d'une césure après la troisième syllabe et d'un accent sur la sixième. La césure est nécessaire après la troisième pour que l'une des parties composantes ne dépasse pas six syllabes ; le repos *sur* la sixième est là pour établir une relation rhythmique entre les deux parties, 6 et 3, ne pouvant concorder. Ainsi, ces vers de Malherbe,

Sus, debout, la merveille des belles ;
Allons voir sur les herbes nouvelles.

sont harmonieux; il n'y a qu'une césure, mais la sixième syllabe est accentuée; par contre, les deux suivants, du même auteur, ne présentant pas les mêmes conditions, sont dénués d'harmonie :

Les rayons comme un chapeau de tête.
. . . . . . . . . . . . . . . . .
O qu'un jour mon âme aurait de gloire.

« Le vers de dix pieds est le premier auquel les prosodistes de l'ancienne école ont imposé leur inflexible césure.

» Ils l'ont partagé en un vers de quatre et un vers de six pieds, séparant les deux hémistiches par une barrière infranchissable. »

Je ne sais au juste ce qu'on entend par les prosodistes de l'ancienne école, mais si l'on voulait parler des classiques on se tromperait fort; l'école qui a établi la règle de la césure, soit dans le décasyllabe, soit dans l'alexandrin, est aussi ancienne que possible; cette règle est aussi vieille que les vers eux-mêmes; elle est née avec eux; elle est très-impérieusement formulée dans *las Flors del gay saber*, le plus ancien de nos traités de versification (1376).

« *Les vers de dix et de douze syllabes ont toujours un repos suspensif; le vers de dix doit l'avoir à la quatrième syllabe, celui de douze à la quatrième.* »

Après avoir cité des vers de Lafontaine dans la plupart desquels il place les césures à sa fantaisie, l'auteur, ne s'appuyant en fait de théorie et de raisonnement que sur quelques exemples arrangés à sa façon, ce qui est commode, conclut bravement :

« Nous avons *prouvé* que, pour ce vers, comme pour les autres, la césure est mobile. »

Vient ensuite un tableau donnant la nomenclature de toutes les formes (romantiques) possibles.

5 et 5

| | |
|---|---|
| 4 et 6 | 6 et 4 |
| 3 et 7 | 7 et 3 |
| 2 et 8 | 8 et 2 |
| 1 et 9 | 9 et 1 |

Ne nous a-t-il pas accordé plus haut que six syllabes sont tout ce que l'oreille peut embrasser d'un trait? Vouloir la forcer maintenant à mesurer d'un élan sept, huit, neuf syllabes, c'est se mettre en contradiction flagrante avec soi-même; mais les contradictions sont le moindre souci de notre auteur et de l'école dont il explique les procédés. Nous, qui ne perdons pas de vue cette limite que nous impose la débilité humaine et qui tenons à être conséquent, nous sommes en droit, au nom de ce principe accepté d'un commun accord, de repousser toute division donnant des mesures plus longues que six syllabes.

Ceci fait, que nous reste-t-il? — Trois coupes possibles.

4 et 6; 5 et 5; 6 et 4.

Combinaisons que les romantiques n'ont pas inventées, et qui ont été pratiquées il y a longs jours.

Les classiques ont adopté presque exclusivement 4 et 6; c'est que, après essai, ils ont reconnu que 5 et 5 devient très-rapidement monotone, ce qui est un défaut capital, et que 6 et 4 est peu harmonieux. Dans ce dernier cas d'ailleurs, un accent tonique est nécessaire sur la deuxième syllabe, ce qui divise le vers en trois pieds et le rend plus compliqué.

Quant à la mobilité de la césure, on vient de nous dire que 5 et 4, 4 et 5 sont des nombres impossibles à juxtaposer; on ne peut donc faire des vers ainsi :

5 et 5
4 et 6

Car, 5 et 4 se suivraient ; ni ainsi :

6 et 4
5 et 5

Car, 4 et 5 se suivraient encore, ce qui discorde. La mobilité de la césure est donc inadmissible.

---

*Vers de onze syllabes.* — « Les prosodistes n'ont jamais cité de vers de onze syllabes. »

Voilà un *jamais* qui nous semble bien hardi. Mais notre romantique n'est nullement embarrassé pour lancer des affirmations d'autant plus hasardées, que, autant que j'en puis juger, il n'a jamais lu le moindre des nombreux traités sur la matière publiés dans les XVI$^{e}$, XVII$^{e}$ et XVIII$^{e}$ siècles. — Comme le vers de neuf syllabes, celui de onze est cité dans les *Flors del Gay Saber*, et, depuis, il a toujours été pratiqué, mais rarement.

« On peut le faire de deux façons : un hémistiche de cinq pieds et un de six ; ou, renversé, six d'abord, puis cinq. »

Pourquoi ici, comme pour le vers de neuf syllabes,

ces césures fixes? — Pourquoi pas de césure mobile? — C'est un mystère, mais nous devons nous incliner et croire; c'est l'école des intelligences complètes qui nous révèle ses vérités.

« En général, le vers de cinq pieds s'harmonise mieux avec le vers de sept; mais ceci ne veut pas dire qu'on ne puisse l'admettre auprès du vers de six; on le fait dans la chanson :

Ah! comme on entrait
Boire à son cabaret,

» Partant, on peut mettre sur une seule ligne ce que l'on brise en deux; la loi est la même. »

Ce : *la loi est la même*, est tout simplement adorable; partant, je ne vois pas pourquoi on ne pourrait pas mettre deux alexandrins *sur la même ligne*; la loi serait la même.

---

*Vers de douze pieds.* — (Je serais curieux de voir un vers de douze pieds). — Mettons douze syllabes.

Voici la grande question, la question vitale pour la forme romantique; c'est ici que nous allons voir triompher notre théoricien à intelligence si complète.

« En poésie, où l'on chante, où l'on parle. »

Parfait! La Palisse, d'heureuse mémoire, n'eût pas mieux dit.

« De là nécessairement deux vers... »

Ah! permettez! — Entendons-nous. — En poésie, l'on chante ou l'on parle, d'accord; aussi y a-t-il de la belle et bonne poésie en prose; mais en vers, ne vous déplaise, on chante toujours; des vers nombreux et bien cadencés sont toujours un chant, même quand ils sont plats de sens et de mots et ne renferment pas un atome de poésie; — le vers est une harmonie, un rhythme, une musique, un chant; sinon, je voudrais bien qu'on me dit quelle différence existe entre le vers et la prose.

Déjà il est facile de voir que nous n'avons guère de chance de nous entendre.

« De là, le vers intact et le vers brisé, ou le vers chanté et le vers parlé. »

Une entité brisée! — Votre école n'a donc pas su trouver un mot moins significatif qui dise moins nettement la vérité qu'il voudrait cacher? — Brisé! — Qu'on nous permette, sans jeu de mots, cette comparaison juste : un vers brisé ne peut pas plus être un vers, qu'un verre brisé n'est un verre.

Je passe sur des exemples inutiles et me hâte vers la théorie.

« A la façon dont nous avons analysé le vers de six, sept, huit et dix pieds, on doit comprendre tout d'abord comment nous analysons celui de douze. C'est un *système* d'une admirable unité. »

Système! — Où prenez-vous un système? — Un système s'appuie sur un ou plusieurs principes vrais ou faux et s'édifie sur ces principes. — Où sont vos principes? — Vous avez absolument oublié de nous les donner. — Non, je me trompe, vous en avez admis un seul, sans vous en douter, hélas! la limite de la portée de l'oreille, et c'est par ce principe que nous allons condamner, non pas votre système, mais vos affirmations.

« Les vers, à partir du vers de un pied, se compliquent *par les mêmes lois* jusqu'au vers de douze pieds, qui comprend et résume tous les autres. »

Je cherche vainement pourquoi ces mêmes lois (où diable sont ces lois?) ne pourraient pas compliquer un vers de trente-six syllabes qui comprendrait et résumerait bien plus de vers que le simple alexandrin. — Mais continuons.

« Le vers de douze pieds renferme les douze vers suivants :

| | 6 et 6 | |
|---|---|---|
| 5 et 7 | | 7 et 5 |
| 4 et 8 | | 8 et 4 |
| 3 et 9 | | 9 et 3 |
| 2 et 10 | | 10 et 2 |
| 1 et 11 | | 11 et 1 |
| | 4 — 4 — 4 | |

Mais... Non, allons jusqu'au bout.

« Nous sommes *donc* toujours en pleine versification; tout est vers, tout se décompose en vers dans l'alexandrin brisé; c'est par ignorance (!!!!) ou mauvaise foi qu'on a prétendu y voir de la prose rimée; chacun de ses fragments formant un vers complet plus ou moins grand, mais parfaitement coupé et sans hiatus. »

Ma foi, c'est vrai; voilà qui est d'une simplicité admirable. — Résumons.

Alignez votre prose en la faisant rimer de douze en douze syllabes..... faites que chaque douzaine renferme une coupe quelconque, où vous voudrez, cela nous est parfaitement égal. — Maintenant y a-t-il des hiatus? — Non; — dans ce cas, vous venez de parfaire des vers... romantiques.

Mais, ô école peu conséquente, vous avez admis que l'oreille ne peut embrasser d'un trait plus de six syllabes, si bien que, dans les vers de sept et huit syllabes, vous exigez une coupe quelconque..... Je vois venir votre réponse. — « Mon alexandrin se compose d'un vers simple et d'un vers composé, voire même de deux vers composés. » Mais alors, le vers composé comprenant au moins deux vers simples, votre alexandrin, renferme trois, cinq vers simples et même douze vers dits de un pied. — C'est très-ingénieux. — Mais si un alexandrin peut se décomposer ainsi en cinq ou dix vers plus courts, je continue à réclamer mon vers de trente-six syllabes qui renfermerait trois alexandrins et serait infiniment plus brisé.

Si votre alexandrin comprend ainsi un vers simple et un vers composé, permettez-moi encore une observation : — vous avez déclaré qu'il y a des nombres qui ne concordent pas; ainsi 4 et 5 — 5 et 4. En refusant au vers de neuf syllabes les coupes 3 et 6 — 6 et 3, vous avez implicitement reconnu la discordance de ces nombres.

Or, quand votre alexandrin douze sera coupé 5 et 7 ou 7 et 5, vous pourrez avoir, le vers de sept étant lui-même composé *ad libitum*, 5 — 4 — 3, ou bien 3 — 4 — 5 — ce qui, vous l'avez dit, doit jurer.

Pour l'alexandrin coupé par 4 et 8, vous aurez encore 4 — 5 — 3 — ou 3 — 5 — 4, etc., etc.

Non, veillez! — car autour de vous — tout se réveille. 3-5-4
. . . . . . . . . . . . . . . . . . . . . . .
Etait-ce un rêve? — étais-je éveillé? — jugez-en. 4-5-3
. . . . . . . . . . . . . . . . . . . . . . .
Par moments — la mort vient dans sa tombe — apportant. 3-6-3

V. Hugo.

Voilà des vers qui jurent, qui sont faux, c'est vous qui l'avez dit. — Vous allez donc, je suppose, nous indiquer les lois qui défendent ces juxtapositions discordantes de tels ou tels nombres .... Je parcours le volume, mais en vain.....

Que diable! ô romantisme! toi qui, du haut de ton intelligence complète, accuses les prosodistes de la vieille école de demi-logique, où donc est ta logique entière? — Quoi qu'il m'en coûte, je me vois forcé d'admettre que, pour toi, la période de sept syllabes est trop longue à l'oreille quand elle est seule, mais que celle de onze ne l'est pas dans l'alexandrin; — tu peux donc embrasser d'un trait onze notes et les apprécier! — Par ta bonne lame de Tolède! comme tu disais au bon temps, je t'en fais mon compliment sincère, tu peux te flatter d'avoir là de fières oreilles.

Tâchons de retrouver notre sérieux.

Le théoricien reprend une à une les combinaisons de son tableau en empruntant aux classiques des exemples qu'il arrange à sa fantaisie faute de connaître les lois auxquelles ils obéissaient ; nous ne le suivrons pas dans ces détails.

En vertu de la limite de perception que nous impose notre oreille, nous sommes forcés de considérer comme absolument impossible toute combinaison renfermant une partie plus longue que six syllabes; que reste-t-il?

6 et 6. — Césure classique.
4—4—4. — Le vers trimètre.

Nous voilà contraints, en nous appuyant sur un principe admis par les romantiques, de tirer par la théorie la conclusion que nous avait depuis longtemps dictée la lecture de leurs œuvres.

Les vers brisés, tels que les a admis et pratiqués l'école romantique, sont absolument dénués de toute harmonie. — Ce ne sont pas des vers.

En vérité, on serait tenté de croire à une gageure, lorsqu'on voit nos réformateurs ne pas perdre une seule occasion de tomber dans quelque contradiction.

D'après tout ce qui précède, vous pourriez croire que, pour les romantiques, la césure est morte, bien morte, et qu'il n'en doit plus être question; — détrompez-vous.

« Dans le vers parlé, la césure classique, venant après les six premières syllabes est, comme on le voit très-souvent, *supprimée,* mais il en reste toujours *quelque chose*, ou du moins, il faut que le premier hémistiche se termine par un son *plein*. La césure peut donc se déplacer, mais l'hémistiche classique, tout en se soudant au milieu du vers à l'autre hémistiche, doit avoir toutes ses syllabes pleines. La même loi n'existe pas pour tous les autres endroits du vers où la césure prend place. »

Pourquoi? Pas de raisons et pour cause. Une pareille ignorance des moindres lois de l'harmonie étonne l'imagination et n'est dépassée que par l'aplomb avec lequel on nous vient jeter ainsi à la face des absurdités, sans avoir à l'appui le moindre raisonnement, même faux.

Si l'école moderne avait eu la moindre intelligence, le moindre sentiment de l'harmonie, elle aurait vu que la nécessité du son plein ou, pour mieux dire, accentué, après l'hémistiche classique, est une conséquence de la césure, et de la césure seule; que, celle-ci supprimée, le son plein n'a que faire d'y être ou de n'y être pas. En ceci, on a fait comme des gens qui, changeant aujourd'hui les mesures métriques des routes, n'oseraient enlever nos bornes kilométriques devenues inutiles, faute de savoir quel était leur usage. La césure étant supprimée, le son plein est si bien inutile que dans le vers trimètre 4—4—4, vers vraiment harmonique, la sixième syllabe n'exige nullement un son plein et suivi d'un repos; ainsi, ces vers:

Stoïque et fier, — à l'échafaud — il marchera.
. . . . . . . . . . . . . . . . .
Hélas! mon cœur — tremble pour elle — et non pour lui.

sont parfaitement harmonieux, quoique dans le premier, la sixième syllabe coupe un mot en deux, et que dans le second elle présente un E muet.

Mais, logique, harmonie, ce sont là des choses dont l'école romantique semble ignorer jusqu'à l'existence; si bien que ce vers trimètre qu'elle pense avoir inventé, — faute de connaître les lois générales de l'harmonie, elle le fait le plus souvent faux, archi-faux.

Sur la terre, tantôt sable, tantôt savane.

V. Hugo.

Où y a-t-il une césure possible dans ces douze syllabes? En serait-on à penser que la césure, c'est une virgule?

En résumé, les vers romantiques brisés ne sont pas des vers; les seuls vers dodécasyllabes possibles sont le vers classique ou alexandrin, et le trimètre; non pas, bien entendu, le trimètre romantique.

---

*De la rime.* « On a reproché à l'école moderne de trop s'attacher à la forme. »

Si cela est vrai, on a eu grand tort, l'école dite moderne n'ayant pas la moindre notion juste de la forme, nous l'avons prouvé; elle n'a compris de la forme de nos vers que la partie la moins importante bien que nécessaire, la rime, et, comme on lui a reproché de s'y attacher trop, prenant la partie pour le tout, elle s'est dit à elle-même que c'était trop de souci de la forme qu'on lui reprochait.

Nous trouvons encore une nouvelle ignorance; c'est chose vraiment incroyable que la facilité avec laquelle notre théoricien, comme bien d'autres du reste, nie ou affirme au hasard des faits sur lesquels il n'a aucune donnée.

« La rime n'était pas connue des anciens. »

Cela est tout simplement faux; les anciens connaissaient si bien la rime qu'ils la recommandaient même dans la période oratoire; seulement, assez heureux pour posséder une langue fortement prosodique, ils l'ont dédaignée pour leur poésie savante, métrique, et abandonnée aux chants populaires.

L'auteur défend la rime riche attaquée, dit-il; nous n'irons pas discuter des détails; nous ne cherchons déjà plus que les grosses erreurs.

« Il faut éviter les rimes trop riches..... »

Ne citons pas toute la phrase afin de pouvoir donner enfin un bon point à notre professeur; mais, cette fois, il ne représente pas toute l'école; il existe une secte pour laquelle la rime ne peut absolument pas être trop riche: Voir les œuvres de M. Th. de Banville.

---

*Du son de la rime.* — Nous avons été avertis dans l'introduction, que l'école romantique a, pour la première fois, posé cette question; nous allons trouver ici, par conséquent, de ces vérités que ces pauvres hères de prosodistes du vieux temps n'ont pas même entrevues.

« Les rimes ont un son; ce son est clair ou bien il est sourd. »

Voilà qui est juste. Sautons par-dessus des considérations où il y aurait beaucoup à dire sur la formation des mots, etc. Tout cela appartient probablement en propre à l'auteur et non à l'école.

« Les deux tiers des rimes employées par Racine sont des rimes en *er* ou en *é*. »

D'abord cela est faux; les rimes en *é* ne sont pas plus communes dans Racine que chez Victor Hugo. Leur retour fréquent est excusable jusqu'à un certain point, ces rimes constituant à peu près un tiers de celles dont nous disposons. Malgré tout, ce serait un défaut; la répétition continuelle des mêmes rimes choque l'oreille.

« Toujours ce son creux et sourd revient. »

Comment! les rimes en *é* sont creuses, sourdes et voilées? Jusqu'à ce jour j'avais cru, je l'avoue, que l'*é* aigu (accent aigu) n'était pas sourd; que cet *é* se marquant nettement par un son final sec et brusquement arrêté ne pouvait être dit voilé; quant à creux, ne comprenant pas bien précisément ce que c'est qu'un son creux, je laisse le mot à la charge de l'auteur. Mais je m'empresse de chercher quelles sont les rimes qui ne seraient ni creuses, ni sourdes, ni voilées.

« Ainsi Racine a dit :

> L'œil morne maintenant et la tête baissée,
> Semblaient se conformer à sa triste pensée.

Aurait-il osé finir le vers avec ces mots : œil morne, et se conforme. »

Il s'en serait bien donné de garde, de peur de nous écorcher les oreilles : morne et conforme, serait-ce là les rimes pleines, nettes et claires?

« Aujourd'hui, l'école moderne a reconnu que tous les mots d'une langue doivent servir à la rime; nous dirons même que comme tous les mots proscrits par les classiques sont précisément les plus harmonieux, il n'est pas mal de les rechercher un peu. »

Eh bien! vraiment, ces pauvres classiques n'ont pas de chance; ils proscrivent certains mots parce qu'ils les trouvent durs à l'oreille, choquants, et justement ils sont tombés sur les plus harmonieux.

« Au moins est-ce une loi, si l'on ne veut pas se mettre en quête de ces sortes de rimes vraiment musicales..... »

Pour Dieu! indiquez-nous vite ces rimes si vraiment musicales que nous sommes assez malheureux pour ne pas connaître.

« On est bien récompensé, car les plus beaux vers jaillissent souvent, comme des étincelles, dans le choc que l'inspiration éprouve alors instantanément. »

Ainsi les plus beaux vers jaillissent comme des étincelles dans le choc que l'inspiration éprouve instantanément... quand on cherche vos rimes! Corne de bœuf! messieurs du romantisme, de grâce ne nous faites pas languir davantage; prêtez-nous vos rimes fées.

« Tous les mots proscrits fournissent des rimes sonores et nouvelles... énormes, formes, borne, morne, choc, froc, etc. »

Et quoi! ce sont là ces rimes sonores, harmonieuses, musicales, qui font jaillir comme des étincelles, etc.

Eh bien! nous ne nous en serions pas douté, parole d'honneur! ni les classiques non plus; et nous ne saurions être trop reconnaissant envers le romantisme auquel nous devons cette révélation. Mais si les classiques à des rimes de son creux, sourd et voilé comme jour, toujours, joie, envoie, amené, donné, fer, enfer, etc., n'ont pas préféré les rimes sonores, mélodieuses que vous recommandez et que votre école prodigue, ô romantiques! daignez user d'indulgence envers eux; vous auriez grand tort de leur en vouloir; ils ne savaient pas, les malheureux! que les plus beaux vers jaillissent comme des des étincelles des rimes *énorme*, *forme*, *arbre*, *marbre*, *masque*, *vasque*, *fantasque*, *marque*, *monarque*, *spectre*, *Électre*, *fresque*, *burlesque*, etc.; ils ne se doutaient pas, ces vieux bonshommes, de toute la mélodie que recèlent les accumulations de consonnes, mélodie d'autant plus grande, d'autant moins sourde, d'autant moins voilée, d'autant plus suave, en un mot, qu'après chaque consonne la décomposition des sons force à placer un *e* muet rudimentaire, mais réel, et que *arbre* se prononce *arebere*, *spectre*, *sepèquetere*, ce qui est d'une sonorité, d'une brièveté, d'une clarté, d'une harmonie enivrante pour une oreille tant soit peu délicate... et romantique! Ils n'avaient pas compris combien l'allemand chargé de consonnes est plus sonore, plus mélodieux que l'Italien ou l'Espagnol, ce qui cependant saute à l'oreille! — Ah! certes! c'est grand dommage que quelque romantique par anticipation ne soit pas né au XVIIe siècle; il aurait tiré un peu les oreilles des prosodistes de la vieille école, et, une fois considérablement allongées, ces oreilles auraient peut-être pu saisir la véritable harmonie, celle qui se fonde sur la sonorité des consonnes. — Ah! si Racine avait eu l'oreille aussi délicate que M. Ténint.

Notre auteur avait raison; c'est bien la première fois que la question du son de la rime est posée de cette façon; il a bien fait de prendre date; tout le monde voudra avoir écrit ce chapitre; nous cependant, nous en laisserons loyalement le mérite et la gloire à lui et à son école.

Disons quelques mots, mais à la hâte, d'un chapitre important, puisque c'est encore là une des grandes questions posées par les romantiques.

« L'enjambement n'enlève rien de son harmonie au vers, ainsi que le prouve la théorie des vers composés, en vertu de laquelle l'alexandrin brisé conserve toute son harmonie. »

Après avoir démontré l'absurdité de cette théorie des vers composés, il est inutile que nous insistions sur l'enjambement et que nous prouvions, ce qui serait facile, que cette théorie elle-même n'excuse pas l'enjambement, au contraire. — Disons sommairement que la rime n'existe que si un repos la suit pour la marquer; l'enjambement détruit en même temps la rime et la mesure; détruit le vers par conséquent; conseiller d'une part la rime riche, détruire d'autre part la rime par l'enjambement, c'est tomber en contradiction. — Mais les contradictions..... pour en finir, faisons en remarquer encore quelques-unes.

L'école romantique a admis que six syllabes au plus peuvent être embrassées par l'oreille; or, elle accepte le vers coupé ainsi, 1-11; l'enjambement est permis; le vers coupé ainsi 11-1 étant légitime, et l'enjambement rendant impossible tout repos entre les deux vers, on vous permet, si cela vous convient, d'allonger une phrase de vingt-deux syllabes, une mesure de vingt-deux temps, sans repos; ce qui sera du dernier mélodieux.

Par les enjambements, les romantiques juxtaposent continuellement les nombres 5 et 4; 3 et 6, nombres dont ils reconnaissent la parfaite discordance... etc.

---

Tenons-nous en là; à lire, à analyser un semblable fatras, on le trouve drôle d'abord, on rit volontiers; mais peu à peu, quoiqu'on en ait, on se sent envahi par un double sentiment de regret et de pitié; regret, en songeant à des œuvres marquées au coin du talent, du génie même, et qu'une forme absurde pourrait suffire à entraîner dans l'oubli; pitié, en pensant que toute une génération a pu accepter ainsi des contre-vérités et se laisser convaincre par des raisons d'une absurdité aussi flagrante. Alors, il ne reste plus qu'à fermer le livre en haussant les épaules et à attendre; ainsi faisons-nous. — Le temps de la vérité viendra comme celui de la liberté; plus tôt peut-être.

---

## TABLE DES MATIÈRES



IMPRIMERIE DUPRAY DE LA MAHÉRIE
Boulevart Bonne-Nouvelle, 26 (Impasse des Filles-Dieu, 5). — 156

www.ingramcontent.com/pod-product-compliance
Ingram Content Group UK Ltd.
Pitfield, Milton Keynes, MK11 3LW, UK
UKHW022048190726
13855UKWH00002B/444